新中国成立初期的农业增产研究

曹佐燕 著

北京出版集团

北京人民出版社

图书在版编目（CIP）数据

新中国成立初期的农业增产研究／曹佐燕著. — 北京：北京人民出版社，2023.4
ISBN 978-7-5300-0594-1

Ⅰ.①新… Ⅱ.①曹… Ⅲ.①农业增产—研究—中国—现代 Ⅳ.①F323

中国国家版本馆CIP数据核字(2023)第045438号

新中国成立初期的农业增产研究
XINZHONGGUO CHENGLI CHUQI DE
NONGYE ZENGCHAN YANJIU
曹佐燕 著

*

北 京 出 版 集 团
北 京 人 民 出 版 社 出版
（北京北三环中路 6 号）
邮政编码：100120

网　　　址：www．bph．com．cn
北 京 出 版 集 团 总 发 行
新 华 书 店 经 销
北 京 建 宏 印 刷 有 限 公 司 印刷

*

880 毫米×1230 毫米　　32 开本　　5.75 印张　　100 千字
2023 年 4 月第 1 版　　2024 年 8 月第 2 次印刷
ISBN 978－7－5300－0594－1
定价：39.00 元
如有印装质量问题，由本社负责调换
质量监督电话：010－58572393

目　录

前　言

　　1949年，中国历史新纪元。

　　国际上，1840年英国借口林则徐虎门销烟派舰队侵华，开启对华的"炮舰外交"。此后，中国屡遭英国、法国、俄国和日本的军事侵略。晚清和民国政府丢盔弃甲、一败涂地，基本都以签订丧权辱国的条约告终，国家和个人都被一层低人一等的阴影笼罩着。1949年，中国人民解放军炮击英国海军远东舰队"紫石英号"护卫舰，宣告英国对华"炮舰外交"的失败。"西方侵略者几百年来只要在东方一个海岸上架起几尊大炮就可霸占一个国家的时代是一去不复返了"。①西方列强对华的"炮舰外交"从英国开始，又终结于英国，这似乎是历史的嘲讽，更像正

---

　　① "紫石英号"事件标志着西方列强对华"炮舰外交"的终结，也预示着二战以后全球民族主义兴起后"炮舰外交"失败的历史大势。1953年9月12日，彭德怀对抗美援朝战争状况的这一经典表述，彰显时代趋势。彭德怀：《关于中国人民志愿军抗美援朝工作的报告》（1953年9月12日），中共中央文献研究室编：《建国以来重要文献选编》第4册，中央文献出版社1993年版，第379页。

义迟到百年的回响。相比此前"东亚病夫"的精神低气压压抑着每一个中国人，1949年9月21日，毛泽东在中国人民政治协商会议第一届全体会议上一扫衰颓气势，庄严宣告"占人类总数四分之一的中国人从此站立起来了"[①]。

就国内而言，鸦片战争以来，中国陷入战乱频仍、贪腐丛生、灾害频发、民不聊生的深渊。太平天国运动、义和团运动、辛亥革命、国民革命、解放战争，战火几乎燃遍华夏大地。民国时期的军阀混战更是加剧社会动荡、经济崩溃。战火与灾荒犹如孪生兄弟般伴随着整个晚清民国时期。黄河铜瓦厢决口、丁戊奇荒、1931年江淮大水、1942年中原大饥荒等大灾接踵而至，"十年倒有九年荒"。雪上加霜的是，南京国民政府赋税繁苛，长期过度剥夺农村，加剧农村经济衰败，农民"命悬一线"。饿殍遍地，农民被"逼上梁山"，积极响应中国共产党的号召，走上"革命之路"[②]。1949年新民主主义革命取得胜利，中华人民共和国宣告诞生，一个河清海晏、社会进步、政治清廉、经济发展的崭新中国登上了历史的舞台。

---

① 《中国人从此站立起来了》（1949年9月21日），《毛泽东文集》第五卷，人民出版社1996年版，第343页。

② 即便是经济相对较好的1927年至1937年，农村经济也出现严重问题。翁有为以赋税与灾荒的视角切入分析1927年至1937年的农村与农民，发现所谓农村经济并不存在所谓南京国民政府的"黄金十年"。详情参见翁有为：《民国时期的农村与农民（1927—1937）——以赋税与灾荒为研究视角》，《中国社会科学》2018年第7期。

　　光明的前景已经展开，一个不可阻挡的历史变革已经起势。1949年，中国结束百年战乱，迎来政治经济文化社会的根本性变化。中国共产党迅速平抑物价、统一财经，推动国家工业化和农业集体化，建构起一个全新的政治经济体制。农业增产迎来了前所未有的发展契机，成为国家进一步发展的基础。农业增产无疑将改变千百年来中国人吃不饱饭的历史困境。中国人逐步从吃不饱到吃得饱，走向吃得好。

　　传统中国农业曾长期领先世界，创造了璀璨的农业文明。传统中国统治者鼓励农业生产，但不直接管理农业生产。新中国成立后，中国共产党领导各级人民政府积极开展农业增产工作，下达农业增产指标，并多次变革生产关系。农业生产关系的变革受到农业增产需求的约束，并服务于农业增产需求。新中国成立初期，各项工作千头万绪，既多且急，党和政府始终强调农业增产，并将之作为农村压倒一切的中心任务。党和政府洞悉农业增产的必要性和紧迫性，颁布一系列农业增产政策，积极提供科学技术支持，加大了农业贷款、救济款等资金投入。领导高度重视、干部执行政策、农民积极生产，辅以爱国增产运动轰轰烈烈地展开，[①]充分发挥了农业生产要素增加、农业

---

　　① 爱国增产运动亦称爱国丰产运动、爱国主义生产运动、爱国生产互助竞赛运动。这些称呼在当时各地均有出现，均指同一运动。

科技进步、生产组织形式提高、流通体制畅通、政策激励等的作用。

伴随着新民主主义革命取得胜利和中华人民共和国成立，全国的社会秩序逐步恢复，生产秩序逐步稳定，城乡流通逐步畅通，这是农业增产的前提。新中国成立初期的农业增产虽然有战后恢复的性质，但是党和政府领导农业增产工作形成的农业增产新模式无疑起了重大作用，并产生了深远影响。新中国成立初期的农业增产新模式，即从主体上强调各级领导、基层干部和农民的作用，运用群众路线的工作方法，积极组织起来变革生产关系，普遍开展爱国增产运动，充分发挥政策激励、资金投入和科技支持的作用，取得了前所未有的农业产量，有效改善了农民生活，促进了农业合作化和国家工业化，成功培育了农民的国家意识和爱国情感。这大大改变了新中国成立以前农民生活贫困、农业衰败、农村凋零的局面，迎来了农民生活改善、农业增产、农村发展的新局面。

第一章 为何增产：农业增产的紧迫性

　　中国是历史悠久的农业大国。作为人类从事原始农业活动的起源中心之一，中国创造了闻名于世的农业文明，成为世界农业遗产中宝贵的组成部分。[1]传统中国重农抑商，强调以农为本，取得的农业生产成就闪耀人类历史。传统中国善用农时，积极复种，注重经验，精耕细作，层层推进农业生产。春秋战国时期，中国逐步大规模运用铁制农具和牛耕，大量修建农田水利工程，因地制宜地发展农业，推动以家庭为单位的小农经济快速发展。秦汉魏晋南北朝时期，黄河流域依旧是全国的经济中心，先民创造出一整套适于黄河流域自然特点的耕作技术，不断发展北方旱作农业。隋唐宋元时期，全国经济重心逐渐南移，南方的水田农业快速发展。明清两朝引进美洲作物，开垦大量耕地，加上生产技术的普遍改进，传统农业有了更大发

---

[1] 李先念：《序言》（1991年5月28日），《当代中国》丛书编辑部：《当代中国的农业》，当代中国出版社1992年版，第1页。

展，也加速了农产品商品化趋势[①]。

鸦片战争以后，自然经济结构依然牢牢占据农业主导地位，但外国资本主义的入侵瓦解了男耕女织、自给自足的小农经济，中国农业的商品化逐步发展。虽然民国时期中国农业发展缓慢，但是引入了现代农具、耕作方式和种子培育等一系列现代科学技术，1931年至1936年的中国传统农业仍旧达到一个高峰。1931年日本入侵东北后，农业生产衰退，及至1945年抗战结束，粮食作物生产都未恢复到1930年的水平。1937年日本全面侵华打断了这一缓慢发展历程，战火所及，日军大量抢占和剥削中国壮劳力，疯狂压榨农民农业所得。农民生命堪忧，无法安稳地进行耕田劳作，被剥削之下难以维持简单的再生产，出现大片荒地。1946年河南耕地比1936年减少30%，湖南、广东减少40%，其他各省也都比日本全面侵华前减少大量耕地。[②]

农作物总产量大幅度下降。1946年稻谷产量是9569260万斤，比1936年的10341250万斤减少771990万斤，减产幅度达7.47%。1946年棉花产量是74300万斤，比1936年的173570万斤减少99270万斤，减产幅度达57.19%。1946年小麦产量是4309550万斤，比1936年的4794870万斤减少

---

① 《当代中国》丛书编辑部：《当代中国的农业》，当代中国出版社1992年版，第9—21页。

② 孙敬之主编：《中国经济地理概论》，商务印书馆1983年版，第292页。

485320万斤，减产幅度达10.12%。事实上，1937年小麦的减产更为夸张，比1936年减少1364000万斤，减产幅度达到28.45%[①]，日本侵华导致中国农业生产的损失，由此可见一斑。战争期间，畜禽的减少比农作物更加显著。由于日军没收耕畜做运输之用，没收猪和鸡作为食物，沦陷区的畜禽总数比1936年减少了50%甚至更多，即便加上抗日根据地和国统区，全国畜禽减少的总量也是巨大的。[②]抗日战争胜利后的1946年，全国牲畜数量比1936年总体减少26%，其中马、驴、骡、水牛、黄牛同比1936年分别减少了25%、40%、37%、30%、16%[③]。畜禽的减少直接减少了农家肥，导致农作物减产。

　　日本为了以战养战，还疯狂掠夺中国资源，肆意破坏生态环境。九一八事变后，日本在东北森林区设立29个营林署，采用大规模的现代化设备，进行掠夺性的滥伐。[④]日本在东北14年间砍伐的良材达7500万立方米，由于采

---

　　① 吴承明、董志凯主编：《中华人民共和国经济史（1949～1952）》，社会科学文献出版社2010年版，第37页。

　　② 张培刚、廖丹清：《二十世纪中国粮食经济》，华中科技大学出版社2002年版，第453页。

　　③ 《1949年中国经济简报（节录）》（1949年），中国社会科学院、中央档案馆编：《1949—1952中华人民共和国经济档案资料选编（农业卷）》，社会科学文献出版社1991年版，第3页。

　　④ 《一九四九年中国经济简报》，中国社会科学院、中央档案馆编：《1949—1952中华人民共和国经济档案资料选编（综合卷）》，中国城市经济社会出版社1990年版，第78—79页。

伐不合理，损失几近40%，因此东北损失的原木将近1亿立方米。这严重影响了森林的天然更新，导致东北森林成为中心空的"林墙"，大片荒山荒地触目惊心地散布在东北，长白山林区基本上被伐光。而在关内，为防止中国军队袭击，凡是日军盘踞之地，便将森林悉加焚烧砍伐。由于日机轰炸，森林火灾也频频出现，加之敌伪为构筑工事大量收集木材，21个省的森林因战争直接被毁，还有5个省的森林间接受害，损失总计达全国森林蓄积量的10%以上，折合1936年的币值40亿元以上。[①]

　　1945年中国取得抗日战争的胜利，终于迎来久违的和平。遗憾的是，国民党迅速发动内战，战火再一次燃遍中国，农业生产在破败的深渊中越陷越深。广大贫苦农民遭受更加残酷的剥削与压迫，加之恶性通货膨胀、增税捐、拉壮丁等，已经无法维持简单的再生产。长期停滞的农业生产每况愈下，农村经济陷入绝境。国民党统治区响起反内战、反压迫、反饥饿的怒吼，国民党在大陆的立足根基快速被毁，最终败退台湾。1949年全国农业生产比1931年至1936年期间下降更多，其中棉花产量减少近一半，大豆、花生、油菜籽、黄红麻减少一半以上，大牲畜、

---

① 中财委农业计划处：《林业概况》（1950年），中国社会科学院、中央档案馆编：《1949—1952中华人民共和国经济档案资料选编（农业卷）》，社会科学文献出版社1991年版，第27—28页。

猪、羊也大量减少，水产品减少2/3以上，森林覆盖率也很低。[①]新中国的农业就是在这样一个衰败落后的基础上发展起来的。

一、农业衰败：新中国成立前夕的农业状况

农业衰败不堪。1949年全国农业生产较1936年下降了1/4左右，而破坏严重的地区下降了1/3。即便通过减租减息、土地改革和互助合作，老解放区的农业生产获得一定恢复，1949年的农业生产水平仍普遍低于1936年1/5左右。[②]以下将从农作物、畜牧业、渔业、林业等方面分别论述1949年的农业概况。

农作物产量大幅下降。粮食产量、棉花产量和其他农作物产量均出现明显下降。（1）粮食产量下降的绝对数量最大。1936年至1937年全国粮食平均年产量约2844.6亿斤原粮。日本全面侵华后的8年里，全国粮食年产量降至2390亿斤，相比1936年至1937年的平均年产量减少15%。历经解放战争，1949年全国粮食总产量为2254.768亿斤，

---

① 《当代中国》丛书编辑部：《当代中国的农业》，当代中国出版社1992年版，第36页。

② 李书城：《1950年全国农业生产概况》（1950年），中国社会科学院、中央档案馆编：《1949—1952中华人民共和国经济档案资料选编（农业卷）》，社会科学文献出版社1991年版，第6页。

比1936年至1937年的平均年产量降低了21%。[①]1949年中国的主要粮食作物稻谷、小麦、大豆的产量分别仅占1936年的84.8%、59.2%、45.1%。[②]大豆是中国减幅最大的主要粮食作物。但大豆曾是中国主要出口物品之一，在九一八事变之前曾占中国出口第一位达六七年之久。这与抗日战争期间日本侵占东北时间最久有关，战火之下难以提供充足的人力和肥料，自然严重影响大豆生产，也因日军在东北大力推广水稻，将大量原本种植大豆的耕地改种水稻，减少了大豆种植面积。东北是中国大豆的主要产区，抗日战争以前的平均产量占全国大豆总产量的43%。1930年东北大豆产量高达10600万担，1931年的种植面积达到8400余万亩。1931年日本侵华后，东北大豆逐年减产。1949年东北大豆种植面积为3450万亩，仅占1931年的约41.07%，而1949年东北大豆产量约为4830万担，约占1930年的45.57%。[③]

（2）棉花产量的下降幅度最大。1949年以前中国的

---

① 《1949年中国经济简报》（1949年），中国社会科学院、中央档案馆编：《1949—1952中华人民共和国经济档案资料选编（农业卷）》，社会科学文献出版社1991年版，第7页。

② 国家统计局：《中国统计年鉴》（1983年），中国社会科学院、中央档案馆编：《1949—1952中华人民共和国经济档案资料选编（农业卷）》，社会科学文献出版社1991年版，第9页。

③ 《1949年中国经济简报》（1949年），中国社会科学院、中央档案馆编：《1949—1952中华人民共和国经济档案资料选编（农业卷）》，社会科学文献出版社1991年版，第8—9页。

主要产棉地在黄河、长江及其支流两岸的冲积平原与滨海区域，其中江苏、河北、河南、山东、湖北、陕西、四川、山西、浙江9省的产量最丰。这9省又多地处战争最激烈的区域。1936年至1937年全国平均年产量是16692860担棉花。1937年日本全面侵华后，全国的棉花产量迅速下降。1938年至1945年全国棉花产量锐减至500万～800余万担，仅占1936年至1937年的29.95%～47.92%。华东地区遭受敌伪的摧残破坏，棉花生产极端萎缩。以1938年至1945年的8年平均产量与1937年比较，山东减少50%，江苏减少40%，浙江减少50%，安徽减少70%。[1]抗战胜利后，棉花产量曾一度迅速恢复。遗憾的是，国民党很快发动内战，加之美棉倾销，棉花产量又迅速跌落。1947年棉花产量是1100万担，1948年减产至1000万担，而1949年棉花产量不足908万担，占1936年至1937年产量的54.4%。华东、中南作为战争反复拉锯的地区，1949年的棉花产量分别占1936年至1937年产量的40.9%、47.8%。[2]

（3）其他农作物产量明显下降。花生、油菜籽和芝麻是中国重要的油料作物，但经过战火的长期摧残破坏，

---

[1]　华东行政委员会农林水利局：《华东农业生产概况》（1954年11月），中国社会科学院、中央档案馆：《1949—1952中华人民共和国经济档案资料选编（农业卷）》，社会科学文献出版社1991年版，第9—12页。

[2]　《1949年中国经济简报》（1949年），中国社会科学院、中央档案馆编：《1949—1952中华人民共和国经济档案资料选编（农业卷）》，社会科学文献出版社1991年版，第9—10页。

到1949年生产已极为衰落。1949年花生产量仅是1933年产量317.1万吨的40%，芝麻才有1933年产量99.1万吨的32.9%，油菜籽仅占1934年产量190.7万吨的38.5%。[①]麻是棉花之外的重要纤维作物，1949年麻的生产水平相当低。1949年江西黄麻及苎麻产量16万担，仅及日本侵入江西前的1939年产量66万担的四分之一强。[②]茶叶曾是中国主要出口商品之一，1949年茶叶产量仅仅只有1931年22.5万吨的18.2%。[③]1914年至1936年华东区茶叶的年均产量为105万担，约占当时全国茶叶生产总量的31%。日本全面侵华后的1937年至1945年的8年里，华东全区的茶叶年均产量是63万担，相比战前的年均产量减少约40%。1946年至1948年降至40余万担，1949年华东区产量更是下降到32万余担。[④]烟叶、生丝、果品和桐油等产量也都出现大幅下降。

---

① 国家统计局：《中国统计年鉴》（1983年），中国社会科学院、中央档案馆编：《1949—1952中华人民共和国经济档案资料选编（农业卷）》，社会科学文献出版社1991年版，第13页。

② 《1949年中国经济简报》（1949年），中国社会科学院、中央档案馆编：《1949—1952中华人民共和国经济档案资料选编（农业卷）》，社会科学文献出版社1991年版，第13页。

③ 国家统计局：《中国统计年鉴》（1983年），中国社会科学院、中央档案馆编：《1949—1952中华人民共和国经济档案资料选编（农业卷）》，社会科学文献出版社1991年版，第14页。

④ 华东行政委员会农林水利局：《华东农业生产概况》（1954年11月），中国社会科学院、中央档案馆编：《1949—1952中华人民共和国经济档案资料选编（农业卷）》，社会科学文献出版社1991年版，第14页。

畜牧业严重衰落。1949年牲畜头数明显低于1937年，其中马减少了24%，驴减少了6%，骡减少了60%，黄牛减少了10%，水牛减少了18%，绵羊减少了33%。与日本全面侵华前的最高年产量相比，1949年牲畜头数下降更为明显。1949年大牲畜（牛、马、驴、骡）头数占1935年7151万头的83.9%，其中马占1935年649万头的75.1%，驴占1935年1215万头的78.1%，骡占1935年460万头的32%。而1949年猪的头数占1934年7853万头的73.5%，羊的只数占1937年6252万只的67.7%。[1]由于到处发生兽疫和缺乏草料，牲畜的品质和生产能力也普遍退化。内蒙古的牧业区是全国畜牧业经济的重要部分，畜牧业生产也是大多数蒙古族人民的主要生产。日本侵华，打乱了原有的生产和生活秩序，畜牧业生产因没有力量进行防疫卫生、打井储草、搭盖圈棚、打狼灭灾等工作，而日趋衰落。加上敌伪的疯狂掠夺与破坏，牲畜逐年剧减。1919年呼伦贝尔盟有羊120万只、牛40万头，到1945年"九三"解放时，羊只剩40万只，牛不及10万头。[2]这意味着，20余年中羊减少了2/3，牛减少了3/4。解放战争期间一些地区的牲畜继续

---

① 国家统计局：《中国统计年鉴》（1983年），中国社会科学院、中央档案馆编：《1949—1952中华人民共和国经济档案资料选编（农业卷）》，社会科学文献出版社1991年版，第21页。

② 《内蒙古自治区畜牧业的恢复发展及经验》（1953年1月1日），《乌兰夫文选》，中央文献出版社2013年版，第195页。

下降。1949年青海省牲畜总数比1937年减少了52.4%。据绥远省伊克昭盟蒙族自治区达拉特旗黄河畔封的19户牧民统计，1949年牛、马、羊分别比日本全面侵华前减少了50%、89%、29%。[①]

渔业尚未充分发展便已凋零。中国有漫长的海岸线和丰富的海岸带资源，沿海的渔场面积有285481平方里，鱼类资源丰富，渔场所产的主要鱼类不下3000种。沿海和邻近公海水深在200米以内适宜渔业生产的海区436000余平方里，沿海可以养殖的港湾、滩涂约1500万亩。内陆散布纵横密布的江河、湖泊，拥有大量易于淡水鱼活动的区域，产鱼亦极为繁多。淡水水面达30000万余亩，其中可以养殖的水面10000万亩以上，另外还有数亿亩稻田可以养鱼。全国自然环境优越，渔业本应有很好的发展，但由于技术落后，缺乏现代化工具，当时中国并不能从事远洋捕捞。据专家以当时的技术水平估计，即便远洋渔业不发达，中国渔业如果经营得法，每年的渔获量也可达300万吨以上。然而，1936年的渔获量约为150万吨。1937年至1945年，中国渔业平均每年收获量降至约100万吨。到

① 《民族事务委员会第三次（扩大）会议关于内蒙古自治区及绥远、青海、新疆等地若干牧业区畜牧业生产的基本总结》（1952年9月3日），中国社会科学院、中央档案馆编：《1949—1952中华人民共和国经济档案资料选编（农业卷）》，社会科学文献出版社1991年版，第21页。

1949年，渔获量减到45万吨左右，不到1936年的1/3。[①]
华东区虽然具备发展渔业的优良条件，但长期遭受日本侵
略者和国民党的烧杀抢掠，渔业生产遭到严重破坏。1949
年华东区的渔获量仅有30万余吨，约占1936年73万吨的
41.1%，其中个体渔民的渔帆船生产和小水面的养殖生产
占全部产量的95%以上，现代化的渔轮生产和较大水面的
养殖生产还不足5%。[②]

　　森林破坏严重，贻害无穷。1858年伊始，沙俄强行
割地，夺走中国大片宝贵森林。此外，沙俄还曾垄断东北
林业，攫取资源，铁路两侧50里至100里范围内的森林仅
20多年就已砍伐殆尽。日俄战争后，日本开始垄断东北
林业，破坏森林，掠夺资源。[③] "中国的高山，差不多都
是光秃的"[④]。1931年侵华伊始，日本在东北有组织地疯
狂掠夺中国森林资源，在关内有意识地焚烧砍伐森林，使
我国损失的森林高达全国森林蓄积量的10%以上。解放战

---

　　① 秦含章、李彭令：《渔业增产问题与加工方向》（1950年11月10日），
中国社会科学院、中央档案馆编：《1949—1952中华人民共和国经济档案资料选
编（农业卷）》，社会科学文献出版社1991年版，第23页。
　　② 华东行政委员会农林水利局：《华东农业生产概况》（1954年11月），
中国社会科学院、中央档案馆编：《1949—1952中华人民共和国经济档案资料选
编（农业卷）》，社会科学文献出版社1991年版，第25页。
　　③ 《当代中国》丛书编辑部：《当代中国的林业》，中国社会科学出版社
1985年版，第19—20页。
　　④ 瓦尔忒·西·马罗立（Walter. H. Mallory）著，吴鹏飞译：《饥荒的中
国》，上海民智书局1929年版，第29页。

争期间，国民党军队也肆意采伐，甚至纵火焚烧森林。广大农民在长期的战争岁月中，承受着超严重的剥削和高利贷的榨取，也被迫向林地谋生，不断垦伐山林、烧荒、樵采、打猎。火灾不断发生，也加深了森林的灾难。民国时期，中国宜林的荒山荒地面积达到4343911005亩，占全国总面积的29.74%。①这43亿余亩的童山赤地没有森林的被覆，听任风吹雨打，面对洪流突袭，到处可见"土裂山崩""大地陆沉"的骇怖惨象。这些荒山荒地和固有的沙漠合起来，还将大量的沙土涌到河里，卷到风里，到处毁坏农田，酿成灾害，残害生命。热河②森林的破坏，造成了滦河流域（冀东）和辽河流域（内蒙古、辽西）的水旱灾；山西、绥远③和西北森林的毁坏，造成了黄河流域（平原④、河南、山东等省）的水旱灾。新中国成立前夕，全国的森林覆盖率只有8.6%。⑤水土流失严重，生

---

① 梁希：《在全国林业业务会议上的总结报告》（1950年3月），中国社会科学院、中央档案馆编：《1949—1952中华人民共和国经济档案资料选编（农业卷）》，社会科学文献出版社1991年版，第28页。

② 旧省名，后撤销。

③ 旧省名，后并入内蒙古自治区。

④ 旧省名，后并入河北、河南、山东三省。

⑤ 还有一个说法是5%。1950年5月16日，《政务院关于全国林业工作的指示》中指出："我国现存的森林面积约占领土5%"。《政务院关于全国林业工作的指示（节录）》（1950年5月16日），中国社会科学院、中央档案馆编：《1949—1952中华人民共和国经济档案资料选编（农业卷）》，社会科学文献出版社1991年版，第677页。

态平衡失调，自然灾害频繁，木材、烧柴奇缺。[①]黄河流域总面积为775740平方公里，每年平均总流量500亿立方米。据前黄河水利委员会陕县水文站的记录，上游到河南陕县止，每年的含沙量共787193000吨。这相当于每年流失了深0.3048米，面积2623980亩的土地。[②]

二、"半年糠菜半年粮"：
新中国成立前夕的农民生活

民以食为天。1949年，农业破败不堪，农民饥寒交迫。1949年，中国人均仅有475斤原粮，远低于1936年人均600斤原粮。日本全面侵华前农民已生活艰难，连年战火进一步摧毁了农民的生活。除去牲畜饲料、榨油、种子、酿酒及出口的20亿斤大豆外，全国军政民合计人均一年425斤原粮。"人民生活很苦"[③]。广大农民处于食不果腹、衣不蔽体的艰难之中，半年糠菜半年粮，多半糠菜少

① 《当代中国》丛书编辑部：《当代中国的林业》，中国社会科学出版社1985年版，第6页。
② 陈晓原：《中国森林的回顾与前瞻》（1950年1月10日），中国社会科学院、中央档案馆编：《1949—1952中华人民共和国经济档案资料选编（农业卷）》，社会科学文献出版社1991年版，第31页。
③ 《1949年中国经济简报》（1949年），中国社会科学院、中央档案馆编：《1949—1952中华人民共和国经济档案资料选编（农业卷）》，社会科学文献出版社1991年版，第8页。

半粮。一些地方农民由一日三顿改为二顿、一顿，一些地方农民饮食是"早上汤、中午糠、晚上稀饭照月亮"①。农民的生活陷入极端贫困，"许多地方人民冬天都没有裤子穿"②。费孝通直指民国时期中国农村的基本问题就是农民的收入降到不足以维持最低生活所需的程度，"中国农村真正的问题是人民的饥饿问题"③。民国时期绥远省一个国民党政府参议员生动地描绘了当时的情景："土地荒芜，路断行人，家有饿妇，野无壮丁。"④

农民生活艰难与农业劳动生产率低紧密相关。1949年新中国成立前夕，农业基本上仍是以手工个体劳动为主的传统农业，劳动生产率极其低下。全国平均亩产量，粮食为127斤，棉花为22斤；人均占有粮食418斤，棉花1.6斤，油料8.6斤，生猪0.11斤，水产品1.7斤。1949年中国粮食亩产量127斤，远远低于法国的217斤、美国的218斤、英国的350斤、联邦德国的356斤、日本的399斤，也

① 山东省五莲县志编纂委员会编：《五莲县志》，中国人民大学出版社1992年版，第4页。

② 彭德怀：《关于西北工作情况的报告》（1950年1月），中国社会科学院、中央档案馆编：《1949—1952中华人民共和国经济档案资料选编（综合卷）》，中国城市经济社会出版社1990年版，第83页。

③ 费孝通著，戴可景译：《江村经济——中国农民的生活》，北京大学出版社2012年版，第249页。

④ 《当代中国》丛书编辑部：《当代中国的粮食工作》，中国社会科学出版社1988年版，第5页。

低于世界平均粮食亩产量154斤。[①]中国人多地少，单位面积投入劳动力密集，单位面积产量曾长期领先，但与发达国家相比，1949年中国农业生产率已经相形见绌。中国农业以种植业为主。1949年农业总产值的构成情况是：种植业占82.5%，畜牧业占12.4%，林业占0.6%，副业占4.3%，渔业占0.2%。种植业又以粮食生产为主。[②]1949年全国的农业人口达48402万人，占全国总人口54167万人的89.4%。[③]由于生产力水平低下，全国80%以上的人从事农业生产，还主要从事种植业，但每年仍需要进口大量粮食和棉花。

农业劳动生产率低又与连年战乱密切相关。农业生产力因长期战乱急剧下降。首先，劳动力大量减少。1949年华北地区劳动力比1936年减少1/3。1936年每个壮丁负担耕地16亩8分，而到1948年需要负担22亩5分。山东渤海区1937年前每个壮丁负担耕地15亩至20亩，1948年负担24亩1分。战争剧烈地区劳动力减少尤为显著。

其次，牲畜锐减。据华北、山东、东北三个地区的调查统计，耕畜因战火平均减少36%。1948年华北有耕畜

---

① 吴承明、董志凯主编：《中华人民共和国经济史（1949～1952）》，社会科学文献出版社2010年版，第36、38页。

② 刘中一、刘尧传：《中国农业结构研究》，山西人民出版社1986年版，第34页。

③ 国家统计局：《中国统计年鉴（1984）》，中国统计出版社1984年版，第81页。

288万头，相比1937年日本全面侵华前华北的525万头减少了45%；同期山东则从410万头减至230万头，减少44%。解放战争开始后，全国耕畜进一步减少。1945年东北有耕畜354万头，1948年减至297万头，减少16%。1949年华东耕畜仅有826万余头，比1936年1280万余头减少35%。耕畜是中国农业生产的主要劳动力，耕畜减少，严重影响了农业生产，"不少地区用人拉犁，白茬点种，甚至抛荒"[①]。战争期间鸡、鸭、鹅的减少缺乏准确的统计，但数量无疑是巨大的。畜禽的减少不仅降低了实际的和潜在的粮食供给，而且还直接拖低了农业生产率。农家肥作为畜禽的副产品，也随着畜禽的迅速减少而减少，容易酿成农作物产量的大幅下降。[②]

再次，农具损失严重。据1948年华北区武邑、馆陶、安国等8县45个村的调查：大车减少30%，犁减少11%，耧减少12%。太岳地区农具损失更大，按耕地正常需要，尚缺犁镜40%、大锄45%、小锄40%、镰40%、耙57%。全华北共缺锄750万把。由于缺乏耕畜和农具，加之饥饿难耐，很多农民只能采用粗放的耕作方法，甚至无法维持简单的再

① 华东行政委员会农林水利局：《华东农业生产概况》（1954年11月），中国社会科学院、中央档案馆编：《1949—1952中华人民共和国经济档案资料选编（农业卷）》，社会科学文献出版社1991年版，第6页。

② 张培刚、廖丹清：《二十世纪中国粮食经济》，华中科技大学出版社2002年版，第453—454页。

生产，陷入更严重的饥饿和生活困苦中，形成恶性循环。

最后，耕作方法更加粗放，施肥减少、作物品种退化。据华北区阜平、行唐等23县55个村的调查，1948年该地区的耕犁次数比1937年减少20%，耙地次数也减少。据行唐、平山等22县46个村的调查，1948年耙地次数较1937年减少12%。由于牲畜减少，畜粪缺乏，施肥也大受影响。据阜平、行唐、曲阳等40县84村的调查，1948年施肥量要比1937年减少27%，其中旱田减少29%，水田减少22%。在作物种子方面，由于肥料减少、耕作方法粗放，加以水旱虫灾等，品种逐渐趋于退化。棉花种子表现明显，以美棉各年的种植面积及产量比较：假使1922年各为100，1936年便为532及575，1946年为348及293，1949年为480及130。20多年来，美棉种植面积大大增加，但产量却没有相应增加，反而相对下降，主要是品种退化所致。

农民的生活深受战乱影响。战争不仅破坏了生产，导致农民流离失所，也破坏了正常的交通关系和贸易关系。抗日战争以来城乡隔绝，"敌占城市，我占乡村，敌对我分割封锁，我对敌孤立包围"。在争取自给自足的原则下，各种有利条件的利用遭到严重限制，而没有生产条件的地方又勉强从事生产，[1]这无疑大大降低了农民的生活

① 《1949年中国经济简报（节录）》（1949年），中国社会科学院、中央档案馆编：《1949—1952中华人民共和国经济档案资料选编（农业卷）》，社会科学文献出版社1991年版，第3—5页。

质量。因此，尽快结束战争是全国人民的衷心期盼，这也是国民党发动内战不得人心的重要原因。农民不仅收入少，而且负担重。且不论日伪政权和国民党对农民敲骨吸髓的压榨和剥夺，革命根据地的农民负担也不轻。1949年薄一波曾向毛泽东报告：农民负担很重，积蓄很少。农民收入每人年均约有450斤小米，遭遇灾荒则不足此数。而农民每人平均需要负担约75斤左右小米，且战勤扩兵等负担不在内。[①]抗日战争以来，农民"出人出钱，贡献了最大力量"。即便到1950年全国农民平均负担也占其农业总收入的19%强，而老解放区则占其农业总收入的21%。"为了胜利与恢复经济，农民负担一时是无法减轻的。"[②]

　　战乱是一种"人祸"，农民还遭受其他天灾人祸的反复肆虐。传统中国丰收之年农民勉强维持生活，稍有灾害便容易酿成严峻灾荒。1949年，旱、冻、虫、风、雹、水、疫等灾相继发生，自然灾害的强度大、分布广、种类多，造成的损失大。"春初亢旱不雨，夏初虫雹二灾交并发生；夏秋二季霪雨连绵，沿海台风袭击，河水泛滥，遂

---

　　① 《薄一波同志向毛主席五月份的综合报告》（1949年），中国社会科学院、中央档案馆编：《1949—1952中华人民共和国经济档案资料选编（综合卷）》，中国城市经济社会出版社1990年版，第82页。

　　② 薄一波：《关于一九五〇年度全国财政收支概算草案的报告》（1949年12月2日），中共中央文献研究室编：《建国以来重要文献选编》第1册，中央文献出版社1992年版，第60—61页。

造成严重的水灾。"①

　　遭遇自然灾害的农民不仅温饱难保，而且生死难料。水灾突袭下，河北容城高原竟成泽国，百万灾胞露宿屋顶，过着缺吃缺烧、风雨无遮的悲惨生活。"在淫雨之中男女壮丁护堤抢险，老弱妇孺呻吟哭号！"有的灾民为减去拖累，含泪忍痛将亲生子女乞人养育。有的灾民为一时糊口不得不吃种子，屠杀耕畜。雹灾之下，河北献县、文安等部分地区雹大如碗，死伤群众22人。一些解放地区的农民本已走上和平建设，实现安居乐业、兴家致富之路，在自然灾害突袭下却也陷入"漂没零丁生活失常的苦况！"②在严峻灾荒下，1949年，179万灾民离开故土，踏上逃荒之路。③逃荒路途中流离失所、生死未卜，灾民容易出现死亡现象。一些灾民妻离子散、家破人亡，容易催生消极悲观和绝望情绪。

　　在传统中国统治者残酷压榨下，加之频发天灾人祸，农民过着悲惨的生活，充斥着悲观失望的情绪，弥漫着听

---

① 内务部研究室：《救灾工作及其问题》（1950年1月18日），中国社会科学院、中央档案馆：《1949—1952中华人民共和国经济档案资料选编（综合卷）》，中国城市经济社会出版社1990年版，第30页。

② 李锡九：《苦斗中的河北省灾民》（1949年9月7日），中国社会科学院、中央档案馆：《1949—1952中华人民共和国经济档案资料选编（农业卷）》，社会科学文献出版社1991年版，第49页。

③ 中华人民共和国国家统计局、中华人民共和国民政部编：《中国灾情报告：1949—1995》，中国统计出版社1995年版，第369页。

天由命的消极思想。艰辛的生活导致人民普遍体质弱、疾病多。恶劣的社会环境使吸毒、赌博等陋习成风，进一步摧残了中国人的精神与体魄。1949年以前全国人口平均寿命大约是35岁，是当时世界平均寿命最低的国家之一。人口死亡率约为25‰～33‰，高时超过40‰，其中婴儿的死亡率高到200‰～250‰。[①]"仓廪实而知礼节，衣食足而知荣辱。"饥馑、灾荒、瘟疫、疾病、战争，无疑都是农民非可控因素，却都是笼罩在农民身上致命的"杀招"。对于这些不知何时而来的天灾人祸，农民毫无抵抗之力，只能寄托于命运的青睐，相信命运自有安排。因此，赌博活动，祈求神灵保佑的封建迷信行为，弥漫在农村大地，文化普及反倒极为有限。1949年全国80%以上人口是文盲，非文盲人口也多是小学与私塾水平。国民党执政20多年里，高等学校毕业生仅有18万余人，[②]劳动力素质普遍较低。1949年中华人民共和国成立，这一切都发生了翻天覆地的变化，孕育出新农民。农民也呈现出全新的面貌，洋溢着冲天干劲，推动农业增产攀登上一个又一个的高峰。

---

① 吴承明、董志凯主编：《中华人民共和国经济史（1949～1952）》，社会科学文献出版社2010年版，第31—32页。

② 中华人民共和国教育部：《三十年全国教育统计资料1949—1978年》（1979年9月），中国社会科学院、中央档案馆：《1949—1952中华人民共和国经济档案资料选编（综合卷）》，中国城市经济社会出版社1990年版，第136页。

三、国民经济的基础：
新中国成立初期的农业增产需求

与1949年全国农业产量急剧下降的情况不同，农业需求量不断增加。

第一，伴随着解放战争的进展顺利，全国军政人员暴增。1950年1月脱离生产人员达到942万。[①]脱离生产人员的迅速增加已是大势所趋。抗日战争胜利后中国共产党开始进入大城市，一方面为了尽快"打倒蒋介石，解放全中国"，需要足够的军队，因此军队人数迅速增加；另一方面为保证京津大城市的完整接收和顺利接管，迅速稳定解放地区的社会秩序和生产秩序，加之缺乏城市建设与管理经验，中国共产党对旧人员实行"包下来"政策。[②]1949年10月24日，毛泽东同绥远负责人谈话指出："中国已归人民，一草一木都是人民的，任何事情我们都要负责并且管理好，不能像踢皮球那样送给别人去。国民党的一千万党、政、军人员我们也要包起来，包括绥远的在内，特务

---

① 《财经旬报二则》（1950年1月22日、2月1日），《陈云文选（1949—1956年）》，人民出版社1984年版，第53页。

② 曹佐燕：《"胜利负担"：中共对旧政权公务人员处置政策的演变（1945—1952）》，《史林》2017年第2期。

也要管好，使所有的人都有出路。"①1949年12月，周恩来在对参加全国农业会议、钢铁会议、航务会议人员的讲话中指出，对于国民党旧人员，"武的包下来，文的也要包下来"，这几百万旧人员是"胜利的负担，是推不开的"。"为了全国的胜利，要求人民承受必要的负担。我把这种负担叫做胜利负担。"②当时战争规模浩大和政权建设迅速铺开，农业生产和公粮收入直接关系城市供应、军费和各级工作人员的生活。"只有征起了公粮，才能供应军政人员的食粮和保证大城市的粮食供应。"③公粮收入来自农业，不断增加的公粮需求自然急需农业增产。鉴于各级干部都认识到农民负担过重和呼吁施行仁政，中央也不再提高农业税率。中央财政经济委员会主任陈云认为农民负担的减轻是一个相对概念，实际数量还不能减少，但是"增加了粮食生产，这就等于减轻了他们公粮的负担"④。随着公粮任务不断增加，粮食增产指标也迅速攀升。1949年12月，中央定下100亿斤的粮食增产指标，但

---

① 毛泽东：《同绥远负责人的谈话》（1949年10月24日），《毛泽东文集》第6卷，人民出版社1999年版，第14页。

② 周恩来：《当前财经形势和新中国经济的几种关系》（1949年12月22日、23日），《周恩来选集》下卷，人民出版社1984年版，第3—4页。

③ 《过去一年财政和经济工作的状况》（1950年10月1日），《陈云文集》第二卷，中央文献出版社2005年版，第173页。

④ 《关于物价问题的报告》（1949年11月18日），《陈云文集》第二卷，中央文献出版社2005年版，第28页。

公布之后还不断上涨，最终1950年的粮食增产指标定在143亿斤，增幅高达43%。[①]

第二，由于粮食是调控经济、统一财经、回笼货币、稳定物价的主要财政工具，所以农业增产是当时刻不容缓的任务。农业生产当时对国家财政收入至关重要。1949年至1950年全国财政收入依旧主要依赖农业税收。1949年农业税收占全国财政收入的59%。[②]在1950年的财政概算中，公粮收入仍占据全部财政收入的41.4%。[③]农业生产直接关系物价稳定和财政平衡。陈云对此感触颇深，明确指出消除通货膨胀急需平衡财政收支，而公粮收入是当时的主要财政收入。恢复和发展农业生产是财政经济委员当时首要的生财之道。1949年12月28日，陈云便指出财政经济要统一管理，公粮则作为货币回笼的主要手段。[④]1949年财政赤字大，为解决各种财政问题，中央不断增加公粮征收任务。中华人民共和国成立第三天，陈云就向毛泽东

① 李书城：《一九五〇年全国农业生产的概况》（1950年），中国社会科学院、中央档案馆编：《1949—1952中华人民共和国经济档案资料选编（农业卷）》，社会科学文献出版社1991年版，第559页。

② 《中国经济情况报告（初稿）》（1949年），中国社会科学院、中央档案馆编：《1949—1952中华人民共和国经济档案资料选编（财政卷）》，经济管理出版社1995年版，第202页。

③ 薄一波：《关于一九五〇年度全国财政收支概算草案的报告》（1949年12月2日），中共中央文献研究室编：《建国以来重要文献选编》第1册，中央文献出版社1992年版，第60页。

④ 《财政经济要统一管理》（1949年12月28日），《陈云文选（1949—1956年）》，人民出版社1984年版，第49页。

报告仅关内各地便布置了193亿斤的年征粮任务，^①而1949年关内总财政收入才131亿斤粮，这意味着关内仅公粮任务便超出1949年关内总财政收入的47.34%，^②这个公粮任务确实不轻。当中财委要求各地贯彻执行1950年度财政概算时，各个地区干部叫苦不迭，表示任务太重，无法完成。为此，中财委开始向各地区干部做工作、算细账，最后算出公粮征收可达到223.86亿斤，比原财政概算的公粮收入高出24.02亿斤。^③随后，关内公粮征收任务再增加4亿斤，达到197亿斤。1950年3月1日，陈云在中央人民政府委员和全国政协常委座谈会上报告："今年夏征还可以多收一些。"^④从新中国成立到1950年3月初，春耕还没展开，农业收成并不明了，各级干部原已叫苦完成不了任务，结果公粮任务不断增加。中央要求不增加农民负担，而要在此基础上完成公粮任务，农业增产是必由之路。

第三，救灾需求。1949年新中国成立，遭遇了全国性灾荒，旱、冻、虫、风、雹、水、疫等自然灾害相继发

① 《中央财委八九月份工作综合报告》（1949年10月3日），《陈云文集》第二卷，中央文献出版社2005年版，第3页。

② 中财委：《1949年中国经济简报》（1949年），中国社会科学院、中央档案馆：《1949—1952中华人民共和国经济档案资料选编（财政卷）》，经济管理出版社1995年版，第203页。

③ 《今后应多在城市税收方面打主意》（1950年1月6日），《陈云文集》第二卷，中央文献出版社2005年版，第56—57页。

④ 《关于统一国家财经工作的报告》（1950年3月1日），《陈云文集》第二卷，中央文献出版社2005年版，第82页。

生，1066.6万公顷农田受灾，其中水灾的损失最为严重，占受灾农田的75%。长江、淮河、海河、黄河相继发生水灾。水灾波及21个省区，成灾面积852.46万公顷，死亡8051人，减产粮食114亿斤，成灾人口4555万。这直接导致春荒人口高达4920万。①严重的灾荒给新生的人民政权带来了巨大压力和挑战。美国不断以我国灾荒情况发动舆论攻势。1949年8月，美国国务院发表《美国与中国的关系》白皮书，同时公布了美国国务卿艾奇逊给杜鲁门的信，信中称："每一个中国政府必须面临的第一个问题，是解决人民的吃饭问题。到现在为止，没有一个政府成功。"②1950年美国国务卿艾奇逊在关于亚洲政策的演说中，更是直接宣扬春荒期间中国有4000万民众遭遇饥饿，"数以百万计的人会死亡"③。针对国外的反共舆论，毛泽东迅速提出应对方案，指出"革命加生产即能解决吃饭问题"④。中国共产党的领导人主要出身农民，长期在农村从事革命活动，对农民深有感情。面对冬荒造成灾民身陷生死危局，毛泽东提出"不许饿死一个人"的

---

① 中华人民共和国国家统计局、中华人民共和国民政部编：《中国灾情报告：1949—1995》，中国统计出版社1995年版，第369页。

② 《艾奇逊致杜鲁门总统的信》（1949年7月30日），《中美关系资料汇编》第一辑，世界知识出版社1957年版，第30页。

③ 《美国国务卿艾奇逊关于亚洲政策的演说（节录）》（1950年3月15日），《中美关系资料汇编》第二辑（上），世界知识出版社1960年版，第61页。

④ 《六评白皮书》，《人民日报》1949年9月17日第1版。

救灾方针。主管救灾工作的副总理董必武要求各级政府保证做到"不许饿死一个人",大力宣传"不许饿死一个人"①。1949年12月19日,政务院指示灾区开展生产救灾工作。生产救灾包括政府救济和社会互济,但主要是生产自救,即灾民通过恢复和发展生产"为自己的生存而奋斗"②。1949年12月28日,中财委深知1949年的粮食不够吃,提出粮食增产的解决之道。③各级政府积极贯彻生产自救,宣传"只要生产就可自救"④,要求灾民通过农业增产解决灾荒。⑤

第四,一些原来依赖部分进口农产品的大城市,由于外汇缺乏和海口被封锁进口源断绝,全部需要国内供应。新中国成立前夕,农业基本上仍是以手工个体劳动为主的传统农业,劳动生产率极其低下,因此虽全国80%以上的人口从事农业生产,每年却需要进口大量粮食和棉花。⑥

---

① 《董必武传》撰写组:《董必武传(1886—1975)》,中央文献出版社2006年版,第689—690页。

② 《政务院关于生产救灾的指示》(1949年12月19日),《建国以来周恩来文稿》第1册,中央文献出版社2008年版,第701页。

③ 中财委:《目前全国财经简况》(1949年12月28日),中国社会科学院、中央档案馆编:《1949—1952中华人民共和国经济档案资料选编(综合卷)》,中国城市经济社会出版社1990年版,第82页。

④ 《生产救灾,节约备荒》,《人民日报》1949年9月7日第1版。

⑤ 《中共中央华北局、华北人民政府联合发布:关于秋收种麦秋耕及生产救灾工作指示》,《人民日报》1949年9月2日第1版。

⑥ 吴承明、董志凯主编:《中华人民共和国经济史(1949~1952)》,社会科学文献出版社2010年版,第38页。

当时上海等地的纺织工业、卷烟工业需要的棉花、烤烟等原料，很大部分都从国外进口。解放战争期间，美国烟草与卷烟大量免税，以极低价格进入中国市场。全国烟叶栽培面积急剧下降，1949年全国烟叶栽培面积比1948年还降了70%，[①]卷烟工业的原料大量来自国外。新中国成立后，国外进口源的断绝，进一步加剧了农业增产的紧迫性。1950年，全国农业生产的中心任务是增产粮食和棉花，主要原因就是为解决人民食粮和工业原料的燃眉之急。[②]事实上，这一点周恩来在1949年7月23日全国工会工作会议上就明确说明了："过去，城市工厂主要是依靠帝国主义的原料和运输来生产的，象上海的纱厂，主要是依靠美帝国主义的棉花纺成纱织成布，用外国的运输工具运到外国市场去推销，为帝国主义的利益服务。今天不同了，条件完全变了，也应该变了，应该依靠自己的原料和运输来生产了。"对此，周恩来强调："我们要恢复生产，首先就得恢复农业生产……农业生产提高了，原料增加了，工业生产就更有基础。"[③]

第五，为支援国际共运和尽快实施工业化战略，中国

---

① 《烤烟增产工作中的两个重要问题》，《中国农报》1951年7月10日。

② 《当代中国》丛书编辑部：《当代中国的农业》，当代中国出版社1992年版，第51页。

③ 《恢复生产，建设中国》（1949年7月23日），《周恩来选集》上卷，人民出版社1980年版，第360、361页。

共产党一反清末民国历届政府从国外连年进口粮食，从1949年开始大规模出口粮食。1949年，中国共产党的工作重心从农村转移到城市，力图"使中国稳步地由农业国转变为工业国"①。即便粮食紧缺，"若干地区及大都市特别缺粮"，中央仍明确表示东北必须出口20亿斤大豆。②为了尽快实现国家工业化，换回必需的设备和物资，支持国家基础工业建设，从1950年到1952年中国累计出口粮食101.8亿斤。③1949年12月22日、23日，周恩来在全国农业会议、钢铁会议、航务会议的讲话中指出，"粮食增产了，可以增加出口，换取外汇"④。1951年12月5日，中共中央指示"由于经济和政治上的要求"，必须向苏联、新民主主义国家和印度等国出口30.25亿斤粮食。除上述行政、城市供给等需求之外，新中国成立初期还有其他一系列粮食需求，比如1952年需供给国营酿酒用粮10亿斤，灾

---

① 《在中国共产党第七届中央委员会第二次全体会议上的报告》（1949年3月5日），《毛泽东选集》第四卷，人民出版社1991年版，第1437页。

② 《一九四九年中国经济简报》（1949年），中国社会科学院、中央档案馆编：《1949—1952中华人民共和国经济档案资料选编（综合卷）》，中国城市经济社会出版社1990年版，第73页。

③ 《当代中国》丛书编辑部：《当代中国的粮食工作》，中国社会科学出版社1988年版，第65页。

④ 《当前财经形势和新中国经济的几种关系》（1949年12月22日、23日），中共中央文献研究室：《周恩来经济文选》，中央文献出版社1993年版，第31页。

荒储备20亿斤，豆饼加工用粮24亿斤。[①]

    这些都激化了农业产品供求矛盾，凸显农业产量不足问题。为保证上述农产品供应，全国农业增产需求剧增。无论是保证人民解放军、人民政府与党群机关的粮食供应，还是平衡粮价、稳定金融，这些均需依靠足够的公粮收入，"否则一切都是空话"[②]。逐步增长的公粮数量、不断扩大的出口需求、保证工业原料的需求，加之保障规模巨大的灾民生活需求和提升国家应急能力的储粮任务，除了尽快实现农业增产，几乎别无他法。因此，新中国成立初期，中央强调农业以恢复和发展生产为中心。1949年9月29日，中国人民政治协商会议第一届全体会议通过的带有临时宪法性质的《中国人民政治协商会议共同纲领》规定："第三十四条 关于农林渔牧业：在一切已彻底实现土地改革的地区，人民政府应组织农民及一切可以从事农业的劳动力以发展农业生产及其副业为中心任务，并应引导农民逐步地按照自愿和互利的原则，组织各种形式的劳动互助和生产合作。在新解放区，土地改革工作的每一步骤均应与恢复和发展农业生产相结合。人民政府应根据

---

    ① 中共中央：《关于1952年粮食供应的几项决定》（1951年12月5日），中国社会科学院、中央档案馆编：《1949—1952中华人民共和国经济档案资料选编（农业卷）》，社会科学文献出版社1991年版，第563页。

    ② 《论粮食工作》（1949年9月13日），《邓子恢文集》，人民出版社1996年版，第222页。

国家计划和人民生活的需要，争取于短时期内恢复并超过战前粮食、工业原料和外销物资的生产水平，应注意兴修水利、防洪防旱，恢复和发展畜力，增加肥料，改良农具和种子，防止病虫害，救济灾荒，并有计划地移民开垦。保护森林，并有计划地发展林业。保护沿海渔场，发展水产业。保护和发展畜牧业，防止兽疫。"①

这一条有关农业的规定主要是应对当时情况和需求的，强调要尽快实现农业增产。1950年2月27日，中央人民政府农业部发布农业生产方针及粮棉增产计划，要求不论气候如何，力争增产粮食100亿斤和皮棉24万吨。中央要求各地通过精耕细作、施肥增产粮食54亿斤，开荒增产11亿斤，防除病虫增产10亿斤，水利增产7亿斤，推广优良品种增产5亿斤。②1950年3月10日，政务院总理周恩来指示各级政府从各方面组织春耕生产，掀起群众生产热潮，切实完成1950年农业生产任务。③中央在灾区实行生产救灾方针，强调从恢复和发展生产来救灾渡荒，要求救灾服务农业生产，不仅力图避免农业生产因灾荒受到影

① 《中国人民政治协商会议共同纲领》（1949年9月29日），中共中央文献研究室编：《建国以来重要文献选编》第1册，中央文献出版社1992年版，第9页。

② 华东地区的农业生产条件好，被单列出来，要求从上述来源增产13亿斤。《关于财政经济的几项情况》（1950年1月7日），《陈云文集》（第二卷），中央文献出版社2005年版，第62页。

③ 《政务院关于春耕生产的指示》（1950年3月10日），《建国以来周恩来文稿》第2册，中央文献出版社2008年版，第164页。

响，而且力争实现农业增产。1950年伊始，中央人民政府
和各级人民政府"几乎以压倒一切的力量"，不论老区、
新区与灾区均"抓紧农业生产的每一个环节"，有计划、
有步骤地贯彻农业生产政策，保证农业生产的顺利进行，
几乎一切工作都被要求服务粮食增产计划。[①]

　　中央不仅对具体措施有明确要求，而且对各地区都有
增产指标。1950年，各地区关于粮棉增产的分配是"粮
食：东北区增产二十四亿斤，华北区二十五亿斤，华东
老区十九亿斤，华东新区十三亿斤，华中南区十亿斤，
河南省六亿五千万斤，西北老区五千万斤，西北新区二
亿八千万斤。棉花：东北区植棉三百三十万亩，华北区
一千八百万亩，华东区一千五百二十万亩，华中南区一千
零二十七万亩，西北区三百八十八万亩。各地区对特种作
物及出口品，亦应因地制宜，争取恢复与增产"[②]。中央
多措并举，最终全国超额完成了新中国成立初期农业增产
任务。

---

　　① 石础：《粮棉丰收的原因及其意义》（1950年10月），中国社会科
学院、中央档案馆编：《1949—1952中华人民共和国经济档案资料选编（农业
卷）》，社会科学文献出版社1991年版，第561页。

　　② 李书城：《中央人民政府农业部发布指示》，《人民日报》1950年2月28
日第1版。

第二章　如何增产：农业增产的实践方法

　　中国历经百年战乱，1949年终于迎来和平曙光。农业增产需要稳定的社会生产秩序和通畅的流通体系。1949年农村人口占全国人口的89.4%；农业总产值占全国工农业总产值的70%；农业净产值占工农业净产值的84.5%。[①] 由于封建土地制度的束缚、连年战争的破坏和农村资源的过度攫取，农业生产凋敝，农村交通梗阻、贸易滞塞、物价飞涨，农民长期过着食不果腹、衣不蔽体的艰难生活。新中国成立后，农业增产迎来了前所未有的发展契机，一方面农业增产是提高农民生活水平的必经之路；另一方面农业增产是新中国成立初期复苏和活跃农村经济的主要手段。农业增产是恢复和发展农业生产的主要标准，也是衡量农民生产积极性和农村生产力的重要标准，自然成为恢复国民经济的首要问题。为了快速实现农业增产，中国共

---

　　① 吴承明、董志凯主编：《中华人民共和国经济史（1949～1952）》，社会科学文献出版社2010年版，第366页。

产党带领中国人民从政策、组织、技术、观念等多方面贯彻落实。

一、增产政策

1. "耕者有其田"：生产关系的变革

在技术条件无法快速提升的情况下，农业增产首先需要改变不合理的生产关系，实行耕者有其田的政策。旧有土地制度极不合理，官僚和地主对农民进行了残酷的经济剥削和政治压迫，严重地束缚和破坏了中国农村的生产力。"占乡村人口不到百分之十的地主和富农，占有约百分之七十至八十的土地，他们借此残酷地剥削农民。而占乡村人口百分之九十以上的贫农、雇农、中农及其他人民，却总共只占有约百分之二十至三十的土地，他们终年劳动，不得温饱"[①]。中国幅员辽阔，不同地区差异大，不同阶级占有的土地比例不尽相同，但旧有农村经济关系的不合理是不争的事实，土地制度急需改革也是有识之士的共识。国民政府苛捐杂税层出不穷，旧有官僚依靠权力巧取豪夺、横征暴敛，在收缴捐税时往往层层加码，中饱私囊。层层压榨之下，普通农民"挣扎在饥饿与死亡线

---

① 《关于土地改革问题的报告》（1950年6月14日），《刘少奇选集》下卷，人民出版社1985年版，第32页。

上，顾命不暇，甚至连单纯再生产也难以维持，自然谈不上对农业生产扩大投资，更谈不上改革生产技术，发展农业生产"。为了维持最基本的生活所需，农民往往饥不择食、慌不择路，接受地主和官僚的重租高利。官僚和地主实施了极为残酷的租佃关系和雇用关系，"这种极不合理的土地制度，使农业经济濒于破产的境地"①。相比于地租剥削的可量化压榨，地主和官僚还凭借自身的权势优势转移负担，利用高利贷、农村宗法秩序对农民实行超经济剥夺，营造极为强固的人身依附。这种既得利益阶层不断强化的社会结构，容易使农民陷入永远的穷苦，"除非采用革命手段予以扫除，没有别的出路"②。

土地改革直接改变旧有不合理的土地制度，是为了实现农业增产，继而为实现工业化开辟道路，最终解决农民的贫困问题。1950年6月14日，刘少奇在中国人民政治协商会议第一届全国委员会第二次会议上的报告中，明确说明土地改革的基本目的，不是单纯地为了救济穷苦农民，而是为了使农村生产力从地主阶级封建土地所有制的束缚之下获得解放，以便发展农业生产，为新中国的工业化开

---

① 邓子恢：《中国土地改革运动的伟大胜利》（1953年），中国社会科学院、中央档案馆编：《1949—1952中华人民共和国经济档案资料选编（农村经济体制卷）》，社会科学文献出版社1992年版，第34页。

② 杜润生：《杜润生自述：中国农村体制变革重大决策纪实（修订版）》，人民出版社2005年版，第22页。

辟道路。"土地改革的这一个基本理由和基本目的，是着眼于生产的。因此，土地改革的每一个步骤，必须切实照顾并密切结合于农村生产的发展。"①

为了尽快实现和保障农业增产，中央还明确提议保存富农经济不受破坏，同时严厉制止乱打乱杀扰乱生产秩序的行为，批评大吃大喝、"穷光荣"和"吃斗争饭"的思想，要求各地土地改革与农业生产相结合。土地改革开始后，农村各个阶层均受到极大震动，思想疑虑四处弥漫，加之一些地方出现乱打乱杀的偏差，不少中农无心生产。"一般雇贫农更会保持以贫穷为光荣的旧思想，想吃斗争饭，反而不积极生产。"②土地改革轰轰烈烈，一些干部既急且激，认为"土改是中心工作，生产不是中心工作"，更有干部无心领导生产，提出"群众会生产，何必要我们多费心力呢？"广大农民分得土地，生产情绪很高，但还是存在不同程度的思想顾虑。一些雇农犹豫"是种自己分得的田好呢？还是打长工好呢？"临川古港乡雇农何水根说："种自分得的田不够种，打长工赚来又不够用。"某些中农对"谁种谁收"认识不足，对已种的冬耕

---

① 《关于土地改革问题的报告》（1950年6月14日），《刘少奇选集》下卷，人民出版社1985年版，第34页。

② 中南军政委员会、中共中央中南局：《关于春耕生产工作的指示（节录）》（1951年4月1日），中国社会科学院、中央档案馆编：《1949—1952中华人民共和国经济档案资料选编（农村经济体制卷）》，社会科学文献出版社1992年版，第457页。

农作物，不锄草也不上肥；有的怕自己翻了的田，分田时抽给别人，自己徒劳无益。如修水洪坑乡的一个中农"不知道分给谁，种的东西不知道叫不叫我收，上粪还不是白上"，因此每天不是砍柴、拾粪，就是干其他的活，对种的小麦、油菜既不锄草又不上粪。一些富农更是忧心忡忡，害怕农业增产后改变成分，更担忧雇用长工后挨斗争，因此不敢增产，也不敢请长工。①

对此，各地明确说明"一切都要为了生产"，土地改革要结合农业生产。《中国人民政治协商会议共同纲领》明确要求在新解放区"土地改革工作的每一步骤均应与恢复和发展农业生产相结合"②。土地改革之前"谁种谁收"，即今春谁种、秋间谁收。③土地改革开始后"既要贯彻土改，又要不误生产"，各地指示土地改革要从农业生产入手，"土地改革的直接目的是为了解放农村生产力，发展农业生产"。华东军政委员会直接颁布政策："奖励劳动，发展农业生产，是我人民政府的既定政策，

① 柯克明：《对土改工作与生产工作结合上的几点意见》（1951年4月11日），中国社会科学院、中央档案馆编：《1949—1952中华人民共和国经济档案资料选编（农村经济体制卷）》，社会科学文献出版社1992年版，第463—464页。

② 《中国人民政治协商会议共同纲领》（1949年9月29日），中共中央文献研究室编：《建国以来重要文献选编》第1册，中央文献出版社1992年版，第9页。

③ 中南军政委员会：《关于发展春耕生产十大政策》（1950年4月18日），中国社会科学院、中央档案馆编：《1949—1952中华人民共和国经济档案资料选编（农村经济体制卷）》，社会科学文献出版社1992年版，第454页。

也是土地改革的直接目的。"①中南军政委员会、中共中央中南局鼓励农民将分得的斗争果实完全用到生产上，反对大吃大喝贪污浪费。②"土地改革必须紧紧结合生产，维持生产的正常进行，争取丰收，所以方针与要求是'齐做好，两不误'"。整个土地改革过程中，各地要求不能耽误农业生产，"遇农忙繁重时期，如插秧、收割、抗旱、防涝、除虫等，要暂时停止土地改革，集中力量领导生产"③。1951年2月5日，中共中央指示各地进行土地改革及减租退押工作，不应妨害春耕生产，"必须在保证农业生产的原则下来进行这些工作"④。土地改革完成地区则是力争农业增产。1951年2月，政务院指示："在土地改革已经完成的老解放区，县、区、科三级人民政府应集

① 《华东军政委员会颁布发展农业生产十大政策》（1951年2月2日），中国社会科学院、中央档案馆编：《1949—1952中华人民共和国经济档案资料选编（农村经济体制卷）》，社会科学文献出版社1992年版，第456页。

② 中南军政委员会、中共中央中南局：《关于春耕生产工作的指示（节录）》（1951年4月1日），中国社会科学院、中央档案馆编：《1949—1952中华人民共和国经济档案资料选编（农村经济体制卷）》，社会科学文献出版社1992年版，第458页。

③ 乔晓光：《广西省三年来土地改革运动的基本总结》（1952年12月19日），中国社会科学院、中央档案馆编：《1949—1952中华人民共和国经济档案资料选编（农村经济体制卷）》，社会科学文献出版社1992年版，第465—466页。

④ 《中共中央关于在保证农业生产的原则下进行土改和减租退押工作的指示》（1951年2月5日），中央档案馆、中共中央文献研究室编：《中共中央文件选集（1949年10月—1966年5月）》第五册，人民出版社2013年版，第114页。

中上力面向农业生产，把农业增产的工作做好。"①

　　土地改革的目的是为了推动和实现农业增产，整个运动过程中贯穿着农业增产的思想。土地改革废除了传统土地制度，实现了"耕者有其田"，约3亿农民分得了7亿亩土地，还从地主那里取得了房屋、耕畜、农具和粮食等生产生活资料，农民提高了生产积极性，努力走出终年劳动、不得温饱的困境。土地改革后，贫雇农购买肥料能力提高，"有多少，买多少"。贫农解放前一般买不起肥料，主要靠自己积肥、拾粪，有的挑担野草上街换担灰回来，部分贫农向地主借点豆饼，每斗田上个六七十斤，有的向地主借高利贷买肥。土地改革后，贫雇农"想尽一切办法买肥，有的还能买二三百斤"。②

　　由于土地改革的驱动，加之战后的自然恢复，农业增产逐步实现，农民生活明显改善。一些农民饱含对未来的憧憬，期待"土地改革后一年够吃，二年添置用具，三年有富裕"③。根据福建8个专区国营贸易系统的统计：1951

---

　　①　《政务院关于一九五一年农业生产的决定》（1951年2月2日），中共中央文献研究室编：《建国以来重要文献选编》第2册，中央文献出版社1992年版，第33页。

　　②　朱虹：《湖北省孝感县鲁王乡栗树乡土地改革后农民购买力调查》（1952年7月），中国社会科学院、中央档案馆编：《1949—1952中华人民共和国经济档案资料选编（农村经济体制卷）》，社会科学文献出版社1992年版，第417页。

　　③　张玺：《土地改革后河南农村的若干情况》（1951年3月12日），中国社会科学院、中央档案馆编：《1949—1952中华人民共和国经济档案资料选编（农村经济体制卷）》，社会科学文献出版社1992年版，第418页。

年农村总购买力是30980亿元[①]，每个农业人口平均为27.3万元。1952年农村总购买力是37265亿元，同比1951年增长了20.25%；每个农业人口平均为32.6万元，同比1951年提高了19.7%。农民的生活消费数量迅速提高。1951年福建8个专区棉布销售数量比1950年增加了63%，食盐同比1950年增加了300%。[②]1952年，西北地区雇农粮食的消费比解放前增加了15.5%，贫雇农增加了12.2%，中农增加了9.66%。其他生活资料消费也显著提高，雇农比解放前增加107%，中农增加51.63%。农村普遍开始修建房屋，没有房子住的农民逐渐成为少数。[③]

2. 组织起来：农业生产互助合作之路

新中国成立后，"组织起来发展生产"逐步成为风靡全国的口号。组织起来的目的是提高生产。[④]农业增产贯穿了整个农业生产互助合作运动。土地改革之后，各地大

---

① 此处元是旧人民币。1955年3月起，国家发行新人民币，新旧币比为1∶10000。全书若无特殊说明，皆为旧人民币。

② 中共福建省委：《福建省土地改革基本总结》（1953年1月），中国社会科学院、中央档案馆编：《1949—1952中华人民共和国经济档案资料选编（农村经济体制卷）》，社会科学文献出版社1992年版，第421—422页。

③ 中共中央西北局政策研究室：《三年来的西北土地改革运动》（1952年12月），中国社会科学院、中央档案馆编：《1949—1952中华人民共和国经济档案资料选编（农村经济体制卷）》，社会科学文献出版社1992年版，第421页。

④ 中央人民政府农业部农政司：《一九五一年上半年农业互助合作运动发展情况》（1951年），中华人民共和国国家农业委员会办公厅编：《农业集体化重要文件汇编（一九四九—一九五七）》，中共中央党校出版社1981年版，第51页。

力提倡"生产发家"，批判"吃大锅""穷光荣"思想，但多数农民或多或少缺乏牲畜、农具及其他生产资料。[①]在这种情况下，一些农民自发组织起来开展生产，还有一些农民出卖土地。因此，一些地方在土地改革结束后不久，便出现新的买卖土地、租佃、雇用和借贷现象，引起中央高度警惕。

在当时的生产力水平和土地、耕牛等生产资料进一步均分下，很多农民难以独立进行简单再生产，组织起来势在必行。新中国成立初期缺乏大量的农具、耕畜，不同地区的劳力和生产技术水平不一。农民在单独进行生产中，容易遭遇许多个人难以克服的困难，"如耕地时有牛没人，便不能耕；挖河泥、拉水车等事，一个人做不成；或光有劳力而无牛、船、水车，或单有牛、船、水车等而缺少劳动力，或劳动技能不好等等"。因此，农民自发采用"换工""调工""匀工""拌工"以及山区以"集体开山"等方式来互助解决。一些地方领导为了尽快进入社会主义，也有意识地加快推进农业合作化。[②]中共浙江省委农村工作委员会认为在土地改革之后，农民要求进一步

① 中共察哈尔省委：《察哈尔省农业生产互助合作运动的情况》（1952年4月15日），中国社会科学院、中央档案馆编：《1949—1952中华人民共和国经济档案资料选编（农村经济体制卷）》，社会科学文献出版社1992年版，第521页。

② 辛逸、高洁：《"自上而下的社会主义"——新中国初期山西省委与长治老区的十个合作社》，《中共党史研究》2010年第6期。

发展生产，光依靠原有的互助形式，已无法满足农村发展生产的需要，必须在原有互助习惯的基础上加以改进和提高，有领导有步骤地发展农业生产的互助合作运动，才能够满足土地改革后发展农业生产的需求。①

在整个农业生产互助合作运动发展过程中，农业增产始终是重要目的和衡量指标。1951年中共中央东北局向中央报告时，指出整顿互助组，关键问题在于做好小组增产计划，"通过小组增产计划，充实劳动互助的内容，从而加强其组织性"②。组织起来有利于合理利用土地，推广技术，提高劳动生产率。互助组尤其是农业生产合作社得到国家大量财政支持，创造了不少高额丰产的新纪录。互助合作有助于统一使用劳动力，大兴水利，以集体力量防灾救灾，同时也有利于集中资金、人力和畜力，购买新式农具，推广先进的农业耕作技术和良种。

组织起来有助于农业增产，但不同阶层的农民也存在不同的顾虑。贫农怕组织起来后，出卖劳动力不自由，怕做了活拿不到现钱，怕自己的活做得晚，怕大家有私心，把

---

① 中共浙江省委农村工作委员会：《关于浙江省农村劳动互助问题给省委的报告》（1951年12月9日），中国社会科学院、中央档案馆编：《1949—1952中华人民共和国经济档案资料选编（农村经济体制卷）》，社会科学文献出版社1992年版，第514—515页。

② 中共中央东北局：《关于互助组问题给中央的报告（节录）》（1951年4月11日），中国社会科学院、中央档案馆编：《1949—1952中华人民共和国经济档案资料选编（农村经济体制卷）》，社会科学文献出版社1992年版，第526页。

人家的活做坏，因而产量降低。中农的顾虑比贫农还多，怕贫农白使耕牛农具，或不爱护耕牛农具而用坏了，怕人多合在一起活做不好，不如自己单干来得好，还怕组织起来好处不多，反要向外找工钱。而劳动力不强的农民则怕组织起来以后，拖不了，吃不消。还有农民抱怨"这个国家好，就是组织起来不好"，"共产没啥意思，地也没有个干净埋汰的"。一些农民认为只有单干才能"伺弄"好地，"单干才能发财，有穷有富才能发财"。一些农业增产的农民甚至苦恼"发了财有啥用？"少数人宁愿多吃肉、买貉绒帽子，也不愿将资金投入扩大生产。还有农民不储蓄，认为够吃够喝就行了。一些人开始大吃大喝，甚至借粮吃喝。有的人欠他人600斤粮食，公然说："我虽欠你粮食，但过不了几年，还不是和你一同走入'共产社会'"。还有人看到别人买马扩大增产，竟然嘲讽说："将来走入社会主义，你还不是一样没有马?！"[1]农民的顾虑诸如此类，不一而足。基层干部也"怕麻烦，怕带头"，有乡干部还编顺口溜："互助组找麻烦，作庄稼不保险，掏现钱不合算，宁愿雇工听使唤，叫耕深不敢浅，拿把粮也心甘。"[2]

①　《东北局一九五〇年一月份向中央的综合报告（节录）》（1950年1月），中华人民共和国国家农业委员会办公厅编：《农业集体化重要文件汇编（一九四九——一九五七）》，中共中央党校出版社1981年版，第9页。

②　中共中央华东局农村工作委员会：《华东农业生产中劳动互助的情况》（1952年3月9日），中国社会科学院、中央档案馆编：《1949—1952中华人民共和国经济档案资料选编（农村经济体制卷）》，社会科学文献出版社1992年版，第532页。

　　面对种种顾虑，各地不断加大对组织起来优越性的宣传力度，不断增加对农业生产合作社的投入，保障和落实农业增产。山西省武乡县枣烟村生产合作社社员王曼孩的6亩地，过去单独经营时，曾种4种作物，归社经营后，只种1种适宜的作物，每亩增产折谷4斗。对此，社员们说"土地改革人翻身，入社地翻身"。组织起来不仅有利于统一耕种土地，结合肥瘠、位置等条件种植适宜作物，而且有利于土地统一经营，减少地界边角，增加耕地面积。吉林延吉县金时龙合作社16坰水田打破地界后，增加了7亩耕地面积。①组织起来有利于灾后恢复，积极落实生产救灾工作。一些地方民众高度认可和赞扬组织起来的生产方式，认为"单干是牛车，互助是汽车，合作社是火车"②。

　　组织起来有助于爱国丰产运动的顺利展开。1951年2月，全国农业工作会议提出："为了恢复和发展农业生产，须想尽一切方法争取今明两年的丰收，保证工业原

---

　　①　中央农业部农政司：《目前农业生产合作社发展中的一些问题》（1952年4月10日），中国社会科学院、中央档案馆编：《1949—1952中华人民共和国经济档案资料选编（农村经济体制卷）》，社会科学文献出版社1992年版，第719页。

　　②　李子光：《河北省一年来互助合作运动的发展及今后的工作方针》（1952年11月12日），中国社会科学院、中央档案馆编：《1949—1952中华人民共和国经济档案资料选编（农村经济体制卷）》，社会科学文献出版社1992年版，第721页。

料的供应，给整个国家经济建设打下良好的根基。"①
在1950年的基础上，1951年全国农业增产制订具体计
划，其中粮食增产7.1%，棉花增产36.9%，麻袋用麻增产
69.1%，烤烟叶增产257.69%，红茶及青砖茶增产35.1%，
家蚕茧增产14.9%，柞蚕茧增产56.8%，油料增产9.7%，
糖原料增产29.1%，水产增产20.7%，等等。②组织竞赛被
认为是实现农业增产的有效方法。为了完成农业增产计
划，1951年伊始，农业部号召开展全国性爱国丰产运动。
山西省劳动模范李顺达互助组率先响应号召，并向全国互
助组与普通农民提出丰产挑战。各地为了尽快实现农业增
产计划，也有意识地开展爱国丰产运动，积极推动广大农
民响应挑战。很快，爱国丰产运动辐射全国，影响到30个
省区，100多万互助组热烈响应。

为了实现农业增产和推动爱国丰产运动，各地领导加
快组织农民，普及增产技术。"在竞赛中，许多新区的个
体农民参加了互助组，许多老区的互助组纷纷购置新式
农具，提高技术，许多互助组进行了技术分工，创办小型
农场，以钻研耕作、施肥技术与培育良种，学习防治病虫

---

①　李书城：《全国农业工作会议总结报告》（1951年2月），中国社会科学院、中央档案馆编：《1949—1952中华人民共和国经济档案资料选编（农业卷）》，社会科学文献出版社1991年版，第163页。

②　《政务院关于一九五一年农林生产的决定》（1951年2月2日），中共中央文献研究室编：《建国以来重要文献选编》第2册，中央文献出版社1992年版，第28页。

灾害的科学方法，以及使用商品肥料与新式农具等。"①
由于1951年爱国丰产竞赛成效良好，1952年农业部决定继
续开展，并要求把爱国增产竞赛更广泛深入地开展起来。
1952年3月，农业部明确指示：竞赛的发动，应以互助组
或农业生产合作社为主，并吸收个体农民参加，国营农场
也应开展竞赛，并可与农民竞赛。②由此可知，组织起来
有助于爱国丰产运动顺利开展，而爱国丰产运动本身也内
含农业增产和组织起来的要求。

3. 生产救灾：灾区农业增产的重要政策

自然灾害是农业增产的大敌。新中国成立初期，自然
灾害频仍。1950年2月至5月北方出现霜冻灾，受灾面积
50多万公顷。2月至8月东部暴发大面积虫灾，16个省区
128县（旗）发生30余种虫害，危害小麦、棉花、水稻等
农作物70.8万公顷。3月至5月东部暴发农作物病灾，3月
至9月北方遭遇风雹灾，6月至7月淮河及海河流域暴发水
灾。1950年，全国受灾农田达到1063.6万公顷，成灾人口
3384万人，成灾面积512.2万公顷农田。1951年2月至9月

---

① 中央农业部农政司：《加强爱国丰产竞赛运动的领导》（1951年6月10日），中国社会科学院、中央档案馆编：《1949—1952中华人民共和国经济档案资料选编（农业卷）》，社会科学文献出版社1991年版，第164页。

② 农业部：《关于开展1952年爱国增产竞赛的意见》（1952年3月），中国社会科学院、中央档案馆编：《1949—1952中华人民共和国经济档案资料选编（农业卷）》，社会科学文献出版社1991年版，第176页。

出现以察哈尔、绥远、内蒙古为主的严重旱灾，受灾面积157.6万公顷，成灾面积133.3万公顷。7月至8月黄河、淮河、辽河流域暴发水灾，8月至10月北方遭遇霜冻、风雹灾。1951年全国受灾面积1424万公顷，成灾面积相比往年较少，有377.5万公顷。1952年5月至9月长江以北地区出现严重旱灾，8月至11月淮河流域暴发严重涝灾，11月至12月淮河流域再现雪冻灾。1952年，全国受灾面积913.6万公顷，成灾面积443.2万公顷，成灾人口2760万。[①]自然灾害严重威胁农业增产计划的完成。

面对严峻的自然灾害，党和政府采取了生产救灾政策，要求各地积极领导灾民在生产上找出路。内务部副部长陈其瑗明确说明救灾的一切具体措施"都是以发展生产增加社会财富来解决人民困难为目的"[②]。各地积极开展生产救灾。

首先，强调恢复和发展农业生产。[③]"战胜灾荒的根

---

① 中华人民共和国国家统计局、中华人民共和国民政部编：《中国灾情报告：1949—1995》，中国统计出版社1995年版，第369—372页。

② 《一年来的救灾工作总结》，《人民日报》1950年9月13日第1版。

③ 1953年第二次全国民政会议上，内务部部长王一夫明确指出："灾区的生产工作，基本上依靠发展农业生产。遭灾之后，必须尽一切努力扶持农业生产。"除此之外，王一夫指出"对救灾工作最有现实意义的，是做好直接有利于灾民渡荒的各种副业生产和适时的播种早熟备荒作物及抗灾、多种作物"。王一夫：《关于救灾工作》（1953年10月30日），中央人民政府内务部办公厅编：《第二次全国民政会议文件汇编》，人民出版社1954年，第54页。

本办法是依靠农业生产。"①"组织灾民生产自救，是克服困难渡过灾荒的基本办法，而农业生产，又是生产自救的中心一环。"②1949年12月19日，政务院总理周恩来指示各地救济粮"不要平均分配，要用在扶助灾民生产上"③。政府救济扶持的生产主要是农业生产。农业生产几乎贯穿生产救灾的始终，被确定为根治灾荒的方法和救灾措施的目的。冬荒期间，各地强调副业生产要结合农业生产。立春以后，政府明确以农业生产为主，重申务农为本。秋收后山东省人民政府总结生产救灾工作时，指出自春以来始终强调农业生产。④1949年12月29日，胶东区委明确指示："我们的总任务仍是继续贯彻生产救灾为中心，其他一切工作均必须服从这一中心，并围绕这一中心结合进行。一切均须以恢复、发展农业生产为目的。"⑤为了实现农业增产，灾区肩负"不荒一亩地"的政治任务。内务部研究室明确指出春耕期间的行动口号应是"不

① 《目前生产救灾工作中的主要偏向》，《人民日报》1950年3月9日第1版。

② 《苏北人民行政公署关于生产救灾工作初步总结》（1950年6月25日），华东生产救灾委员会编：《华东的生产救灾工作》，华东人民出版社1951年版，第232页。

③ 周恩来：《中央人民政府政务院关于生产救灾的指示》，《人民日报》，1949年12月20日第1版。

④ 《七、八、九、十四个月来生产救灾工作总结》（1950年11月15日），《生产救灾资料特辑》，山东省生产救灾委员会秘书处1950年编印，第23页。

⑤ 《一九五〇年农业生产计划提纲》（1949年12月29日），五莲县档案馆藏：2-2-3-169。

荒一亩地"[1]。耕畜是新中国成立初期春耕生产的主要动力，对农业生产不可或缺。耕畜在华东地区被列为与保护灾民生命、保证农田耕种并行的三大政治任务之一。1949年12月20日，华东局指示各地尽一切可能做到"不饿死人、不荒地、不减少牲口"[2]。

其次，发动灾民进行副业生产。副业生产是"靠山吃山，靠水吃水"。面对资金缺乏问题，各地提倡群众互助，自由借贷，变死钱为活钱。在销路上，各地贸易公司、供销合作社与各方订立合同，推销土产。1950年，河北省与中央贸易部订立贷粗粮换细粮1.2亿斤的合同，由贸易部先付粗粮，麦收后再收回细粮。河北省还与中央合作事业局订立收购土布5000万平方尺、皮硝3000万斤的合同，与东北订有收购火硝50万斤的合同。各地把全劳动力与半劳动力发动起来，号召"男女老少村无闲人"。各地还严厉禁止因为副业生产忽略农业生产，号召副业生产为农业生产服务。

再次，大力开展以工代赈，组织灾民兴修水利。"水利是农业的命脉"。1950年，苏北制订兴修水利三年计

---

① 内务部研究室：《目前生产救灾工作中存在的几个重要问题》，新华时事丛刊社：《生产救灾》，新华书店1950年版，第38页。

② 《中共中央华东局关于紧急开展生产救灾工作的指示》（1949年12月20日），华东生产救灾委员会编：《华东的生产救灾工作》，华东人民出版社1951年版，第32页。

划，第一年就拨出粮食2.3亿斤。"这一伟大的治水工程，不但能解决救灾问题，而且是苏北的重大建设"。1950年，皖北各界人民代表会议也通过关于大力兴修水利的决议，政府为此拨出以工代赈及救济粮2.7亿斤。山东水利与治黄工程，1950年已拨粮款1.2亿斤。平原省拨出治黄粮3000万斤。中南区拨出4亿斤粮食，大部用在灾区的以工代赈和救济上。①即便是发放救济粮，中央也明确要求各地严格遵循"发放的过程即组织生产的过程"的原则。②

最后，鼓励灾民就地坚持生产自救，严禁逃荒，防止耽误农时，积极完成农业增产计划。冬荒之际，各地号召灾民开展冬季积肥与比粪堆运动，修补农具、准备种子，来年春天多种早熟作物与瓜菜。春耕期间，各地要求以春耕生产为压倒一切的中心任务，确保"不荒一亩地"。面对水灾突袭，各地号召防汛抢险，在水灾之后提倡"水退一分补种一分，水退一亩补种一亩"，积极组织灾民补种。各级领导干部下乡组织群众抢耕抢种，动员非灾区帮助灾区解决缺少耕牛、农具等困难，甚至组织人力拖田、挖地，帮助农民拉犁。缺种子的地区除发动群众自筹互借外，各级政府有重点地贷给大量麦种、菜籽等，解决灾民

---

① 董必武：《深入开展生产救灾工作》（1950年2月27日），《生产救灾工作手册》，中央人民政府内务部1951年编印，第14页。
② 《目前生产救灾工作中的主要偏向》，《人民日报》1950年3月9日第1版。

的种子困难。1949年，仅苏北、皖北、苏南等地即贷出种粮近3000万斤。在旱灾方面，各地宣传"打井挖沟，挑水点种""多浇一瓢水，多打一碗粮"。1949年，仅渤海区就挖井6.26万余眼，挑水点种棉花62万余亩。胶东地区完成挑水点种苞米计划的80%。面对虫灾，重灾区成立捕虫指挥部，统一指导农民捕打害虫。泰山区动员50万人在半个月内基本消灭棉虫，渤海区动员百万人参加捕虫运动，迅速扑灭蝗虫和棉虫。[①]1951年，河北蝗虫受灾田地430万亩，蚜虫2000万亩，火蜘蛛124万亩。为了战胜虫害，河北投入2万多名干部，发动上千万名群众，最终基本消灭蚜虫、蝗虫害。

　　"战胜自然灾害，是实现农业增产的关键性的问题"。为了保障农业增产，各地开展了轰轰烈烈的防灾救灾活动。1951年，河北为了防旱，全省打砖井两万多眼，打土井4.6万眼、锥井4650眼，贷水车48200辆，开挖大小渠道250余条，共扩大水田120万亩。为了防止水灾，1951年入夏，河北完成2900万方土的艰巨工程。为了防旱防涝、保持水土，1951年，河北全省荒山造林7.7万亩，植树2078万株，封山育林40万亩，育苗14990亩，勘察沙荒

----

① 孙恩诚：《与空前严重的灾荒奋战中的华东人民》（1950年2月），中国社会科学院、中央档案馆：《1949—1952中华人民共和国经济档案资料选编（农业卷）》，社会科学文献出版社1991年版，第76页。

宜林地6.7万亩。在这些有效措施作用下，1951年，河北省获得平均七成以上的年景，约产原粮115亿斤。[①]事实上，整个华北自然雨量不足，且多集中在七八月间，因而容易形成年年苦旱或春旱秋涝，对农业增产危害极大。为此，1951年10月，华北局开始谋划战胜旱灾的根本办法，提出广泛兴修水库，根治黄河及其他河道，把上年7、8、9月的水积起来供次年4、5、6月之用，同时普遍在各河道上游植树保持水土，等等。[②]鉴于自然灾害频繁，新中国成立后，全国开始大兴水利，力图根治水旱灾害。

4. 城乡交流：农业增产的城市拉力

新中国成立后，全国已有可能逐步地破除城乡隔离和恢复城乡交流。通畅的城乡交流有助于扩大农产品需求，增加农民收入，提升农民农业增产信心和能力。新中国成立初期，农副土特产品的销售收入对于农民颇为重要，通常成为农民换取春耕生产资料与渡过春荒的主要依赖。[③]

---

① 《河北省委向华北局的综合报告》（1951年11月13日），中央档案馆、中共中央文献研究室编：《中共中央文件选集（1949年10月—1966年5月）》（第七册），人民出版社2013年版，第251、252页。

② 《中共中央华北局关于进一步提高农业生产的决定》（1951年10月），中央档案馆、中共中央文献研究室编：《中共中央文件选集（1949年10月—1966年5月）》（第七册），人民出版社2013年版，第320页。

③ 《中南局关于城乡内外物资交流问题的指示》（1951年3月8日），中国社会科学院、中央档案馆编：《1949—1952中华人民共和国经济档案资料选编（商业卷）》，中国物资出版社1995年版，第421页。

历经百年战乱，新中国成立初期的农民都或多或少缺乏充足的生活物品和生产资料，急需出售相对多余的产品，以换取更为重要的生活所需品和扩大再生产的资料。"农民缺乏购买力（农民十分需要工业品，就是买不起），吃饭第一，穿衣第二，扩大再生产缺乏力量。"①城乡物资交流不畅，农副土特产品难以购销，则农民购买力低下，影响产品销售和工商业原料来源，直接阻碍了其他行业的恢复和发展，还影响国家税收。"帮助农民销出农副土产品，是国家取得税收的前提。"新中国成立初期，中央重视疏通农副土特产品的流通渠道，活跃城乡市场。1950年11月27日，陈云在第二次全国财政会议上指出："扩大农副土产品的购销，不仅是农村问题，而且也是目前活跃中国经济的关键。"为此，陈云明确指示："扩大农副土产品的购销，是中国目前经济中的头等大事。"②

从1950年到1952年，各地采取多项措施发展城乡交流。首先，积极恢复和改善运输条件，促进农副土特产品运销。其次，国营商业在各地设立农副土特产品公司，供销合作社普遍设立农副土特产品收购门市部，积极与农民签订农

---

①　《薄一波同志向毛主席五月份的综合报告》（1949年），中国社会科学院、中央档案馆编：《1949—1952中华人民共和国经济档案资料选编（商业卷）》，中国物资出版社1995年版，第20页。

②　《抗美援朝开始后财经工作的方针》（1950年11月15日、27日），《陈云文选（1949—1956年）》，人民出版社1984年版，第118页。

副土特产品购销合同，及时供应农民农业生产资料。再次，商业部门积极举办大区、省、县各级农副土特产品交流会、展销会，恢复和发展农村集市、庙会和骡马大会，建立贸易货栈和农民交易所，打开农副土特产品的销路。最后，银行普遍举办押汇业务，增设国内通汇网点，畅通资金流通渠道，加之商业部门收购农副土特产品，实行实物交换，部分赊销和代销，进一步活跃城乡交流，解决农民资金和销售困难。多措并举之下，农副土特产品销路得以拓展，采购额从1950年的80亿元增加到1952年的129.7亿元，增长了62.1%。[①]通畅的城乡交流有助于农业增产。"通过交流，农民出售了大量的农产品及土特产，取得了各种生活与生产资料，这对增加农民收入、保证农业丰收，起了很大作用。"[②]这一点在解决灾民的农业增产需求上表现更为明显。"除上述收购大批土特产，使受灾农户换得资金外，有的受水浸的早稻谷子（芽谷），既不能交公粮入仓，又必需卖出一部，否则这种农民难以再生产。"[③]

---

① 中国社会科学院、中央档案馆编：《1949—1952中华人民共和国经济档案资料选编（商业卷）》，中国物资出版社1995年版，前言，第7页。

② 《华东局关于夏季物资交流工作的总结报告》（1952年9月），中国社会科学院、中央档案馆编：《1949—1952中华人民共和国经济档案资料选编（商业卷）》，中国物资出版社1995年版，第495页。

③ 《学习福建省长乐县物资交流大会的经验》（1952年9月12日），中国社会科学院、中央档案馆编：《1949—1952中华人民共和国经济档案资料选编（商业卷）》，中国物资出版社1995年版，第494页。

谷贱伤农，实行促进农业增产的价格政策势在必行。新中国成立后，由于工业基础薄弱、国际环境恶劣，中国共产党逐步落实城市领导农村、工业领导农业的执政方针，加之新中国成立初期农业恢复的速度快于工商业恢复的速度，工农业产品的剪刀差不断扩大，农民极为不满，抱怨"共产党变了，进了城只知道调整工商业，结果把工业品价格调高了"，"今年粮食打多了，反不如去年好"，"小麦下来落麦价，秋粮下来落谷价，反正和公家打不了交道"，"反正该老百姓吃家伙"①。1950年9月，山东分局报告当时已出现谷贱伤农的形势，发现1936年161斤小麦可换一匹布，1949年210斤小麦换一匹布，到1950年297.75斤小麦才能换一匹布。农民反映："不愁吃，只愁穿"，"什么有，什么便宜；什么没，什么贵"②。

新中国成立初期，党不断采取行政措施缩小剪刀差，利用快速发展的国营工商业调整工商业产品价格。1951年1月到3月仅3个月，中央就发布3道指示调整纱布

---

① 《华北局关于工农业产品价格剪刀差额增大情况及处理意见向毛主席并中央的报告》（1950年9月19日），中国社会科学院、中央档案馆编：《1949—1952中华人民共和国经济档案资料选编（商业卷）》，中国物资出版社1995年版，第561页。

② 中共中央山东分局：《关于调整工商业及农业生产问题报告》（1950年9月9日），中国社会科学院、中央档案馆编：《1949—1952中华人民共和国经济档案资料选编（商业卷）》，中国物资出版社1995年版，第599页。

价格①，此后还不断发布指示调整价格。新中国成立初期
的3年内，工农业产品交换差价缩小9.7%，每年平均缩小
5%。②为了保证完成棉花、麻类、烤烟等经济作物的增产
计划，农业部和贸易部不仅规定了最低收购价格，还确定
了高于与粮交换的比价。1950年农业部上呈报告："棉、
麻是商品性质的生产，价格的大小，是决定生产增减的
关键，请由中央规定合理的比价，以保证增产任务的完
成。"③1951年，中财委认为1950年全国棉花生产按计划
完成任务的关键在于"规定并贯彻合理的棉粮比价"④。
此后，为了完成和超额完成棉花、烤烟、麻、花生等增产
任务，各地不仅掀起规模宏大的爱国丰产运动，也多次调
整棉粮比价。规定合理的棉粮比价还被认为是掀起各种农
业增产运动"政治动员的物质基础"⑤。

① 1951年1月3日，中央贸易部决定调整各地纱布价格。3月19日，中财委颁布《纱布价格调整意见》。3月29日，中财委再次指示《调整全国纱布价格》。中国社会科学院、中央档案馆编：《1949—1952中华人民共和国经济档案资料选编（商业卷）》，中国物资出版社1995年版，第608—610页。

② 农业部政策研究室编：《中国农业经济概要》，农业出版社1982年版，第184页。

③ 《中财委关于棉、麻与粮食合理比价的通告》（1950年4月11日），中国社会科学院、中央档案馆编：《1949—1952中华人民共和国经济档案资料选编（商业卷）》，中国物资出版社1995年版，第638页。

④ 《中财委关于保证粮棉比价的指示》（1951年3月7日），中国社会科学院、中央档案馆编：《1949—1952中华人民共和国经济档案资料选编（商业卷）》，中国物资出版社1995年版，第639页。

⑤ 中财委计划局农业计划处：《棉粮比价会议纪要》（1951年2月27日），中国社会科学院、中央档案馆编：《1949—1952中华人民共和国经济档案资料选编（商业卷）》，中国物资出版社1995年版，第640页。

5. 鼓励增产：农业增产的税收激励

中央实行鼓励农业增产的农业税收政策。新中国成立初期的3年中，农业税法的执行原则是合理负担、鼓励增产，逐步推行规定常年应产量、依率计征、依法减免、增产不增税的政策，力图使农民负担逐渐趋于合理，继而逐步稳定和提高农民增产情绪。[①]1950年，中国共产党七届三中全会提出调整税收，酌量减轻人民负担的政策。1950年5月30日，政务院决定新解放区夏征国家公粮，征收总额平均不超过夏收总收入的13%，地方附加不得超过国家公粮征收额的15%。这就直接降低了农业税税率，将国家公粮占农业总收入从1949年的17%降低至13%，地方粮从占国家公粮征收额的约20%降低至15%。[②]与此同时，为了鼓励农业增产，农业税计算的农业收入是按土地的常年应产量计算。常年应产量是指一定自然条件（如土质、地势、水利、气候等）的土地，在一般经营条件和通常种植习惯下的收获量。"同等的土地，因勤劳耕作、善于经营或种植'经济作物'而增产者，其增产部分，不增加负

---

①　《政务院关于1953年农业税工作的指示》（1953年8月28日），中国社会科学院、中央档案馆编：《1949—1952中华人民共和国经济档案资料选编（农业卷）》，社会科学文献出版社1991年版，第123页。

②　《政务院关于新解放区征收农业税的指示》（1950年9月8日），中国社会科学院、中央档案馆编：《1949—1952中华人民共和国经济档案资料选编（农业卷）》，社会科学文献出版社1991年版，第90页。

担。"①遗憾的是，抗美援朝战争爆发，这一政策未能实行。1951年6月21日，中共中央决定1951年农业税增加一成，飞机大炮捐献运动重点在城镇和乡村的经济作物区，"乡村只酌量动员一部分"②，以尽可能不过度增加农民负担。

为了帮助灾民尽快恢复农业增产的元气，灾区实行农业税减免优惠政策。1951年4月30日，财政部颁发《农业税灾歉减免办法草案》，规定灾歉减免的标准是：歉收20%以上不到30%者，减征税额的20%；歉收30%以上不到40%者，减征税额的30%；歉收40%以上不到50%者，减征税额的40%；歉收50%以上不到60%者，减征税额的60%；歉收60%以上不到70%者，减征税额的80%；歉收70%以上者，全部免征；歉收20%以下者，不予减免。而同一地区同等土地、同类作物，遭受同样灾害者，应按同一歉收成数计算；其因积极抗灾，减轻受灾程度者，仍按灾地一般歉收成数减免，不少减。因怠于抗灾

① 《中央人民政府政务院关于一九五〇年新解放区夏征公粮的决定》（1950年5月30日），中央档案馆、中共中央文献研究室编：《中共中央文件选集（1949年10月—1966年5月）》（第三册），人民出版社2013年版，第93、94页。
② 《中共中央决定今年农业税提高一成》（1951年6月21日），中国社会科学院、中央档案馆编：《1949—1952中华人民共和国经济档案资料选编（农业卷）》，社会科学文献出版社1991年版，第92页。

致灾情加重者，亦按灾地一般歉收成数减免，不多减。[①]
这些税收减免政策无疑有利于激励灾民积极生产救灾，
降低灾害对农业增产的影响，尽快完成和实现农业增产
计划。

二、加大投入

1. 财政投入：农业增产的国家推力

新中国成立初期，农民贫困，缺乏扩大再生产的能
力。国家对农业的投资和贷款有效保障了农业增产计划的
完成。1949年12月23日，农业部明确指出"投资贷款只
限于对明年增产粮食确实有效的事业，如水利、农具、种
子、防除病虫的药械，种畜与兽医等"[②]。中央的增产指
标主要分配给老区，其中老区粮食增产指标占1950年100
亿斤粮食增产任务的75%。[③]因此，农业部明确说明国家
的投资、贷款"应以老区为主"。除东北地区外，1950

---

① 《财政部颁发农业税灾歉减免办法草案的通知》（1951年4月30日），中
国社会科学院、中央档案馆：《1949—1952中华人民共和国经济档案资料选编
（农业卷）》，社会科学文献出版社1991年版，第107—108页。

② 《农业部关于全国农业生产会议报告》（1949年12月23日），中国社会
科学院、中央档案馆编：《1949—1952中华人民共和国经济档案资料选编（农业
卷）》，社会科学文献出版社1991年版，第125页。

③ 《关于财政经济的几项情况》（1950年1月7日），《陈云文集》第二
卷，中央文献出版社2005年版，第62页。

年全国农业投资事业费原定是67650万斤小米。由于农业增产的需求，1950年不断追加投资，最终达到73115万余斤小米。这巨大的农业投资有效推动了1950年的大生产运动，"保证了增产任务的完成"。这些投资主要分布在6个方面，其中畜牧兽医投资6476.33万斤小米、粮食种子投资6587.5万斤小米、棉产投资5890万斤小米、国营农场投资6431万斤小米、农具投资2185万斤小米、病虫害防治投资3113.5万斤小米，此外东北区还投资病虫害防治952亿元东北币、农具396亿余元东北币。这些投资中，最大的还是关内水利投资，投资总额达到21070万斤小米，主要用于华北及华东两区水利工程及制造水车。①

这些投资对农业增产的成效十分明显。1950年，华北区完成蓟运河扬水灌溉工程，使8万亩荒碱地变为良田，石津运河第一、五支渠工程扩大水浇地6万亩。全国生产水车11万余辆，已贷出8万辆，估计可浇地百万亩。华东区除完成绣惠河并引孝妇河等河道灌溉10万亩外，以部分投资贷给群众共修建塘坝与涵闸68779处，疏浚灌溉排水沟渠29000条，修造龙骨车风车36000架，改装抽水机2582台，保证1500万亩农田免受旱涝。棉产的大量投资，有助

① 农业部：《一九五〇年度农业投资及事业费总结》（1950年12月31日），中国社会科学院、中央档案馆编：《1949—1952中华人民共和国经济档案资料选编（农业卷）》，社会科学文献出版社1991年版，第128—130页。

于良种大量推广，其中良种达到近4800万斤，成为1950年棉花增产任务超额完成的有力因素。[①]由于1950年农业投资成效十分明显，1951年至1952年农业投资迅猛增加。1950年农林水利投资达到244917.66万斤粮食，1951年农林水利投资事业费是43460.77亿元，1952年农林水利投资事业费高达85640.46亿元。[②]

与此同时，国家还下拨大量农业贷款。1950年至1952年农业贷款总数是169015万元，其中1950年农业贷款数是21241万元，1951年是40147万元，1952年是107627万元[③]。农业贷款贯彻专款专用的原则，在用途上需要结合国家农业增产计划，遵循"从生产出发与扶持生产重点"的方针，最终有力地推动了农业增产。农业部指出，"贷放过程就是组织群众生产的过程"，"经贷款扶持，解决了物质困难，安定了生产情绪，是一九五〇年完成增产任务，获得丰收的一个重要因素"[④]。农业贷款不仅直接服务农业增产，提高农业生产技术，发展农业生产，而且还促进

---

①　农业部：《一九五〇年度农业投资及事业费总结》（1950年12月31日），中国社会科学院、中央档案馆编：《1949—1952中华人民共和国经济档案资料选编（农业卷）》，社会科学文献出版社1991年版，第128—130页。

②　中国社会科学院、中央档案馆编：《1949—1952中华人民共和国经济档案资料选编（农业卷）》，社会科学文献出版社1991年版，第133—134页。

③　中国社会科学院、中央档案馆编：《1949—1952中华人民共和国经济档案资料选编（农业卷）》，社会科学文献出版社1991年版，第160页。

④　农业部：《一九五〇年度农业生产贷款总结》（1950年），中国社会科学院、中央档案馆编：《1949—1952中华人民共和国经济档案资料选编（农业卷）》，社会科学文献出版社1991年版，第139、140页。

农民组织起来，推动农业互助合作的发展。中国人民银行总行明确规定优待组织起来的农民，"先按户口比例分，再对组织起来的农民给以百分之十至三十的优待"[①]。1950年，松江省分行贷给农业生产互助组的占91%，黑龙江省贷给互助组的占96.8%，辽西省贷给互助组的占60%，热河省贷给互助组的占43%。银行对互助合作也有优待办法。1951年，华东区合作社由于银行委托贷放肥料，社员人数迅速发展到3倍以上。[②]

新中国成立后，全国逐步迎来稳定的农业生产时代，广大农民积极致力于农业增产，急需增施肥料、修补农具、选种良种、防治病虫害、兴修农田水利等。由于农民自身贫困，扩大再生产能力有限，因此国家发放大量农业贷款，可谓雪中送炭，解燃眉之急。肥料、种子、农具、耕畜都直接影响农业收成。俗语云"庄稼一枝花，全靠肥当家"，肥料对农业增产的影响众所周知。为了实现农业增产，国家专门设置肥料贷款，并根据农业增产条件下发。1951年11月2日，中财委通过关于1952年肥料贷款的决议："国家为了帮助农民解决一些生产投资的困难，

---

① 《中共中央关于发放农业贷款的指示（草案）》（1950年），中国社会科学院、中央档案馆编：《1949—1952中华人民共和国经济档案资料选编（农业卷）》，社会科学文献出版社1991年版，第135页。

② 田望：《三年来的农村金融》（1951年11月），中国社会科学院、中央档案馆编：《1949—1952中华人民共和国经济档案资料选编（农业卷）》，社会科学文献出版社1991年版，第151页。

以达到农业增产的要求，决定1952年肥料贷款为15000亿元。根据各地报来施肥计划，经济作物比重等条件，各大区肥贷分配数字计：华北4500亿。华东5850亿。中南3750亿。西南600亿，西北300亿。共15000亿。"①此外，国家还下发大量农田水利贷款、畜牧贷款、农具贷款、渔业贷款等等。这些农业贷款都直接服务于农业增产。由于春耕、夏锄对秋收至为关键，因此一些地方的农业贷款直接划分为春耕贷款和夏锄贷款。且由于春耕对农作物产量的影响大于夏锄，故春耕贷款数额要远大于夏锄贷款数额。1949年，东北区银行共发放农业贷款4718亿元，折粮112809吨，其中春耕贷款3932亿元，折粮97206吨；夏锄贷款786亿元，折粮15703吨。②

农业贷款不仅解决了部分贫穷农民缺少种子、肥料和农具方面的困难，同时还有重点地扶助农民兴修水利，推广经济作物的优良品种，扩充经济作物的种植面积。农业贷款有利于完成农业增产的总任务。1950年，华东区除了皖北和苏北部分地区外，迎来了全区规模的大丰收。受益的农民反映："要没有银行贷款，连种都下不了田，那里

---

① 《中财委关于1952年肥料贷款的决议》（1951年11月2日），中国社会科学院、中央档案馆编：《1949—1952中华人民共和国经济档案资料选编（农业卷）》，社会科学文献出版社1991年版，第152页。

② 中国人民银行东北区行：《一九四九年农贷工作报告》（1950年3月），中国社会科学院、中央档案馆编：《1949—1952中华人民共和国经济档案资料选编（农业卷）》，社会科学文献出版社1991年版，第137页。

还谈得上丰收？"[①]1952年3月30日，为了完成防旱抗旱和防治病虫害等任务，保证农业丰收，中财委决定增加农业贷款6326亿元。这些农业贷款被明确要求"主要应用于灾区、老根据地防旱抗旱、农田水利、病虫药械等对保证春播和丰产有关键性的用途上"[②]。农业贷款逐年增加，虽然存在手续繁多、贷放不及时、过多投放在农村互助合作组织、强迫收回贷款和"向农村挤油水抓钱"等诸多有待完善的问题，[③]但是其对农业增产的成效卓著，有力地推动了新中国成立初期的农业增产。

2. 水利建设：农业增产的重要保障

农业是国民经济的基础，"水利是农业的命脉"。传统中国便有"治国先治水"的说法。新中国成立初期，国家大兴水利，积极开展农田水利建设，扩大灌溉面积，防洪防涝防旱。农田水利建设的首要目的就是保障和推动农业增产，是农业增产的重要保障。

---

① 中国人民银行：《华东区农村金融工作视察总结》（1951年10月），中国社会科学院、中央档案馆编：《1949—1952中华人民共和国经济档案资料选编（农业卷）》，社会科学文献出版社1991年版，第148页。

② 中财委：《关于追加一九五二年农业贷款的决定》（1952年3月30日），中国社会科学院、中央档案馆编：《1949—1952中华人民共和国经济档案资料选编（农业卷）》，社会科学文献出版社1991年版，第157页。

③ 中财委第二办公厅财金组编：《银行检查工作情况简报》（1953年12月2日），中国社会科学院、中央档案馆编：《1949—1952中华人民共和国经济档案资料选编（农业卷）》，社会科学文献出版社1991年版，第159、160页。

传统农业靠天吃饭，农业收成状况深受水利影响。鸦片战争以来，国家水利不兴，加之战乱频仍，农业自然衰败。淮河两岸本来极为富饶，曾有俗语形容当年的繁华与富庶："江淮熟，天下足"，"走千走万，不如淮河两岸"。岂料水利不兴、生态变迁，加上战争破坏，尤其花园口决堤、黄河夺淮，整个淮河流域陷入灾害深渊，出现"大雨大灾，小雨小灾，无雨旱灾"的惨状。1950年，淮河流域遭遇特大洪水，受灾农田达4000多万亩，灾民1300多万人。水灾之下灾民流离失所、生活艰难，1950年7月至9月，毛泽东连续四次要求尽快开启根治淮河工程。[①]1950年10月14日，政务院正式公布关于治理淮河的决定，要求蓄泄兼筹，以达根治目的。[②]随后淮河流域掀起轰轰烈烈的治淮工程，经过2年努力，泛滥成灾的洪水得到初步控制。治淮工程虽然存在标准低、经验不足等问题，但是推动和保障农业增产的成效十分明显。首先，基本免除"小雨小灾"，大大减轻了"大雨大灾"的灾害风险，大致达到"小雨免灾""大雨减灾"的效果，有力地保障淮河流域连续2年获得丰收。1951年治淮工程完成后，仅此前受灾最重的皖北宿县和阜阳、苏北的淮阴3个

---

① 《要根治淮河》（1950年7月—9月），中共中央文献研究室编：《毛泽东文集》第6卷，人民出版社1999年版，第85—86页。

② 《政务院关于治理淮河的决定》（1950年10月14日），中共中央文献研究室编：《建国以来重要文献选编》第1册，中央文献出版社1992年版，第426页。

专区，即比1950年多收粮食33亿斤。1951年宿县专区部分时期的雨量要大于1950年，但相比1950年低洼地区一片汪洋，淹没300万亩庄稼，1951年却没有酿成灾害，该专区1400万亩农田获得丰收。对此，农民们感恩不已："不是毛主席领导治淮河，麦子早又淹光了。"其次，拦蓄的洪水可以灌溉大量农田，保证了进一步增产。河南石漫滩、板桥、白沙3座水库可灌溉约70万亩农田。苏北灌溉工程总渠已完成，可以灌溉苏北2580万亩农田，可增产约18亿斤以上粮食。最后，两年来有重点地大规模地举办的各种群众性农田水利工程已有约2亿立方米。①这些农田水利工程不仅对防洪灌溉有重大作用，而且为将来淮河流域进一步抗旱奠定了基础。

黄河、长江、海河、珠江等河流也都进行了大规模堤防整修，影响比较大的有荆江分洪工程、整修潮白河下游工程等等。水利建设成就显著，1950年、1951年到1952年的基本建设投资款从9206万元、19508万元迅速提高到32799万元，建成大型水闸3座；1950年、1951年到1952年的灌溉面积从1204万亩、2706万亩快速扩大至4017万亩；1950年、1951年到1952年拥有万亩以上的灌渠从

---

① 冒蒂君：《治淮两年的伟大成就》（1952年8月），中国社会科学院、中央档案馆编：《1949—1952中华人民共和国经济档案资料选编（农业卷）》，社会科学文献出版社1991年版，第467页。

1254处、1279处增长至1346处。[①]中国共产党和中央人民政府特别重视水利建设，投入了大量的经费。1950年投入的水利经费是国民党政府时期水利经费最多一年的18倍，而1951年相当于42倍，1952年则高达52倍。[②]

江河治理主要依赖国家财政投入，而农田水利灌溉工程更多的是发动群众来兴办。由于国家财政紧张，大部分地区新建大型农田水利工程的条件难以满足，中小型农田水利工程成为农田水利工作的重点。1951年，华东区农民群众自力兴办的农田水利工程占工程总数的98.4%，尤其民众自身亦能兴办的小型水利工程，花钱少、收益快、得利大，因此，新中国成立初期中小型农田水利工程成就最为突出。农业部积极号召和动员各地因地制宜兴办小型农田水利灌溉工程，认为"展开广泛的群众性的水利，是适合群众的迫切要求，可以达到'本小利大受益快'的良好收获，对农业增产的作用最为现实"[③]。1950年，华东及中南地区修建了25万多处塘坝、涵闸等排水灌溉的小型工

① 水利部计划局编：《水利电力十年建设成就》（1966年5月），中国社会科学院、中央档案馆编：《1949—1952中华人民共和国经济档案资料选编（农业卷）》，社会科学文献出版社1991年版，第555页。

② 傅作义：《三年来我国水利建设的伟大成就》（1952年9月19日），《中华人民共和国三年来的伟大成就》，人民出版社1952年版，第88页。

③ 农业部农田水利局：《1950年的农田水利工作》（1950年12月），中国社会科学院、中央档案馆编：《1949—1952中华人民共和国经济档案资料选编（农业卷）》，社会科学文献出版社1991年版，第502页。

程，增产粮食约14亿斤。同年，华北各省和山东省修整中小型渠道，推广水车、水井等，受益农田达440余万亩，相当于大型渠道受益面积的6倍。[①]

"灌溉的唯一目的是为了增产。"中国易旱易涝，相较而言，北方旱灾更为明显，南方水灾损失更大。开挖和整修水井、推广水车是北方当时解决干旱问题，进而保障农业增产最有效、最现实、最可靠的办法。水车、水井灌溉以河北、平原、山东等省为主，1950年，河北省1100万亩的灌溉面积中有900万亩利用水车、水井。[②] 1949年到1951年，各级政府积极领导农民发展水车和水井事业，全国新添和修复的水车约21万辆，相当于1937年以前原有水车总数的2/3。面对旱灾，各地积极开挖水井。1951年，陕西省一个多月的时间内便完成打井5万多眼的突击任务。皖北行政区仅一个阜阳专区就打井57227眼，成为1951年当地防旱成功的决定性因素。南方约有3亿亩灌溉农田，主要利用天然水和河水。各地积极修建塘坝、涵闸，兴修小型水利工程，扩大灌溉面积。1951年，西南区原计划整修小型水利工程扩大灌溉面积100万亩，结果

---

① 张子林：《怎样把农田水利工作做得更好些？》（1951年4月2日），中国社会科学院、中央档案馆编：《1949—1952中华人民共和国经济档案资料选编（农业卷）》，社会科学文献出版社1991年版，第504页。

② 农业部农田水利局：《农田水利工作会议总结报告》（1950年12月），中国社会科学院、中央档案馆编：《1949—1952中华人民共和国经济档案资料选编（农业卷）》，社会科学文献出版社1991年版，第537、538页。

完成了201万亩。同年，中南区兴修的小型水利工程占全部农田水利工程的99.7%，仅湖南一省农民就出工3759万个，挖掘土方1亿立方米，修好塘坝50多万处，因而全省水稻获得丰收。[①]

在中国共产党的积极领导、各级干部的严格执行和农民的自发响应之下，农田水利建设成就斐然。1950年，全国共恢复和兴修大型渠道70余处，小型渠道塘坝156780处，打井80263眼，完成水车制造10万辆，贷出73230辆，增加及修复龙骨水车、风车、筒车等提水工具6.9万架，凿自流井186眼，添置及改装抽水机2000余部，总计恢复和扩大灌溉面积686万亩，群众自发集资及贷款整修的水利工程共改善受益面积2900万亩。[②]1951年，农田水利工作成绩更为辉煌，全国兴修了大型渠道90余处，小型渠道塘坝1394966处，贷出铁制水车95209辆，新打和修复水井15万眼，机械灌溉和排水的动力增加到8000匹马力，其他提水工具67591架，新建和修复水利工程共计扩大耕地受益面积902万亩，整修水利工程保障和改善耕地受益面积

[①] 张子林：《发展农田水利是农业增产的重要措施》（1951年12月20日），中国社会科学院、中央档案馆编：《1949—1952中华人民共和国经济档案资料选编（农业卷）》，社会科学文献出版社1991年版，第506页。

[②] 农业部农田水利局：《农田水利工作会议总结报告》（1950年12月），中国社会科学院、中央档案馆编：《1949—1952中华人民共和国经济档案资料选编（农业卷）》，社会科学文献出版社1991年版，第548页。

7150多万亩，预计粮食增产最少50亿斤。[①]为了响应1952年初政务院发布的关于开展群众性防旱抗旱运动的决定，各级党委和政府明确把农田水利工作当作一定时期的中心任务，集中力量，发动群众，大力新建农田水利工程。1952年，全国各地农田水利建设成就显著，兴修、整修渠道18.7万道和塘坝、涵闸等工程208万处，新打砖、石、土井75.3万余眼，贷水车16.7万辆，添置抽水机3500多马力，扩大灌溉面积3240余万亩，超过1950年和1951年增加灌溉面积总和的1000余万亩，其中1952年实际受益面积约为2400万亩。[②]

发展水利事业的首要目的就是为了农业增产。3年来，全国兴建小型塘坝、涵闸等工程310多万处，凿井73万眼，恢复及新建大型灌溉工程214处、排水工程30余处，添置抽水机2.3万多马力，加之改善各个渠道的灌溉管理，总共扩大灌溉面积约4600多万亩，并在原有2.1亿多亩的农田上，改善了灌溉排水设施。截至1952年6月，华北地区灌溉面积比1949年增加1倍。雨量缺少的西北地区，"无水利即无农业"，3年内增加了860万亩水地，约

① 张子林：《发展农田水利是农业增产的重要措施》（1951年12月20日），中国社会科学院、中央档案馆编：《1949—1952中华人民共和国经济档案资料选编（农业卷）》，社会科学文献出版社1991年版，第549页。

② 水利部：《1952年防旱抗旱运动中的农田水利工作的报告》（1952年12月19日），中国社会科学院、中央档案馆编：《1949—1952中华人民共和国经济档案资料选编（农业卷）》，社会科学文献出版社1991年版，第507页。

占原有水地的34%。[①]1949年，西北地区平均3人2亩水浇地，但到1952年6月已发展到平均每人1亩水浇地。[②]这些农田水利建设有利于防治水旱灾害，扩大灌溉面积，对农业增产起到了显著作用。水浇地的产量普遍要比旱地高不少。1950年，全国灌溉面积约4亿亩，仅占全国耕地面积的27%，农作物产量却约占全部产量的一半。[③]当时认为每亩水浇地可以增产粮食100斤，[④] 3年来仅扩大的灌溉面积4600多万亩一项，即可增产46亿多斤。

3. 兴办国营农场：农业增产的集体化之路

国营农场的性质是明确的。国营农场是社会主义性质的农业企业，不仅要增强社会主义经济领导作用，为国家生产商品粮食、工业原料及畜产品，更重要的是以先进的农业生产方式和农业科学技术，向农民示范农业机械化、集体化生产的优越性，引导和帮助农民逐步走上集体化之

---

① 水利部：《关于农田水利工作的报告》（1953年8月20日），中国社会科学院、中央档案馆编：《1949—1952中华人民共和国经济档案资料选编（农业卷）》，社会科学文献出版社1991年版，第509、510页。

② 傅作义：《三年来我国水利建设的伟大成就》（1952年9月19日），《中华人民共和国三年来的伟大成就》，人民出版社1952年版，第79页。

③ 《农业部关于夏季浇水期间加强农田水利工作的指示》（1950年5月18日），中国社会科学院、中央档案馆编：《1949—1952中华人民共和国经济档案资料选编（农业卷）》，社会科学文献出版社1991年版，第535页。

④ 农业部水利推进社：《水车推广工作的经验介绍》（1951年12月25日），中国社会科学院、中央档案馆编：《1949—1952中华人民共和国经济档案资料选编（农业卷）》，社会科学文献出版社1991年版，第516页。

路。国营农场的定位是整个农业建设中的最先进旗帜，衡量国营农场的主要标准是产量，产量高被认为是国营农场优越性的集中表现。国营农场不仅肩负了必须集中全力提高产量、多打粮食、提高牲畜的增殖率和增加畜产品的经济任务，而且肩负了以产量优势推动农业集体化、机械化的政治任务，即国营农场需要尽量使用改良的新式农具，采用和推广先进的耕作技术，引种并繁殖优良品种，保证超过当地农民的农业产量，从而展现国营农场的优越性，引领农民走上集体化之路，为将来大规模进行集体化、机械化生产做好准备。

国营农场的优势是鲜明的，主要表现在先进技术和组织动员上。国营农场职工一个经常性的根本任务是掌握新的农业技术和机械技术。为了办好国营农场，充分显示机械化生产的优越性，各地要求必须充分发挥机械技术与农业科学的作用，必须使机械技术与农业科学结合起来，而机械技术与农业科学必须服务于农业增产。农业部颁布的《国营农场农业经营规章》第三条明确规定："国营农场必须实行科学的农作制度——牧草大田轮作制及牧草大田耕作法；其目的是改良土壤结构以提高其肥沃性，为作物生育创造优良条件，为畜牧建立饲料基地，从而提高作物单位面积产量，增加畜产品，降低生产成本，为国家增加财富。"第五条规定："国营农场必须根据轮作制配备机具，并充分发挥机械耕作效能，以满足农业技术上的要求；同时须根据实际需要适当配备人力、役畜及其他农具。"[1]国营农场运用机械技术和农业技术无疑有利于提高劳动效率，实现农业增产。1951年，河南黄泛区的国营农场拥有各种新式拖拉机48台，联合收割机8台，其中斯大林式拖拉机耕作力，以每台每天10小时计算，可犁地160亩至240亩，比牲畜耕地效率高40倍至60倍，而每台联合收割机每天可收割麦田300亩至500亩，比人工收割要多80倍至100倍。该农场播种小麦8450亩，平均亩产小麦207斤，比当地农民120斤左右的亩产增加了72%。[2]1951年，山西省57个国营农场平均产量比当地群众的产量高20%。[3]

　　运用先进农业技术和大量农业机械，加之强大的组织动员能力，国营农场可以大规模开垦荒地。华东区的大型农场建立在沿海荒碱地和河湖洼的荒地。因沿海荒碱地开垦收成难有保险，个体农民实际无力开垦，而适于国家投资开垦。河湖洼的荒地虽然面积大、土质肥，但是农民解

　　① 中央人民政府农业部：《国营农场农业经营规章》（1952年8月9日），中国社会科学院、中央档案馆编：《1949—1952中华人民共和国经济档案资料选编（农村经济体制卷）》，社会科学文献出版社1992年版，第735页。

　　② 邓子恢：《在中南军政委员会第四次会议上的工作报告》（1951年11月13日），中国社会科学院、中央档案馆编：《1949—1952中华人民共和国经济档案资料选编（农村经济体制卷）》，社会科学文献出版社1992年版，第756页。

　　③ 中央农业部：《农业技术考察团考察报告》（1953年4月25日），中国社会科学院、中央档案馆编：《1949—1952中华人民共和国经济档案资料选编（农村经济体制卷）》，社会科学文献出版社1992年版，第795页。

决不了水涝问题，因此国家投资才能有效开垦。截至1952年10月，全国已有52个规模较大的国营机械化农场，广布在东北、华北、华东、西北、中南各地，绝大部分都在1万亩以上，其中12个农场超过5万亩、6个农场超过10万亩。这些农场大都是新垦的草原荒地或是盐碱较重的滩地。关内各农场的16万多亩播种面积中，除1万亩左右是熟地之外，其他全部都是新开的荒地。[①]这些荒地之所以能开垦出来，很大原因是强大的人力和机械化力量。这些农场的机械化程度也逐年提高。1952年，这些较大规模的国营农场，已有机械代替人工开展30多种田间工作。其中34个以经营小麦为主的农场，从耕地直到收获的整个重要生产过程均使用机械。而其他经营棉花的农场，除收获外，其他耕地、耙地、播种等工作也都使用机械，加之采用先进耕作方法和注意培育土壤肥力，荒地逐步变成肥沃的农田。1951年，全国38个国营机械化农场的主要产品收益折合小米1.06亿多斤，部分产量远超一般农田。国营农场的小麦平均产量是全国平均产量的174.7%，棉花平均产量为全国平均产量的155.4%，大豆平均产量是全国平均产

---

① 李春桂、韩长赓：《我国国营农场的初步成就》（1952年2月），中国社会科学院、中央档案馆编：《1949—1952中华人民共和国经济档案资料选编（农村经济体制卷）》，社会科学文献出版社1992年版，第771页。

量的157%，芝麻的平均产量为全国平均产量的155.7%。[①]这些无疑都展现了较大规模的国营农场在农业增产上的巨大优势。

国营农场的不足是明显的。首先，农场领导干部存有浓厚的"供给制思想"，经营管理不善。一些国营农场单纯地认为高额产量就是国营农场的优越性，片面追求高额产量，忽视降低成本。国营农场为了完成农业增产任务，盲目地多施肥、多灌溉、多用人工、多下本钱，却因施肥过量、灌溉不良、技术措施不当而减产。

其次，生产缺乏计划性。大部分国营农场的计划工作和财务工作缺乏企业经营思想。农场的计划、统计和财务制度流于形式，而"编制计划的主要目的只是为了要经费"，思想上并没有准备按计划行事，经费领到以后，计划也就扔到一旁。财务计划和物资管理的混乱，造成大量产品、器材与资金积压，影响资金的周转，造成了巨大浪费和损失。

再次，基本建设带有盲目性。由于大多数农场未经过详细的调查、勘测、设计、研究，做好必要的水利工程和基本建设工作，就盲目进行生产，以致受到损失或失败。

---

① 张省三：《三年来新中国国营机械化农场的成就》（1952年10月2日），中国社会科学院、中央档案馆编：《1949—1952中华人民共和国经济档案资料选编（农村经济体制卷）》，社会科学文献出版社1992年版，第770—771页。

最后，组织机构过于庞大。国营农场一般都存在组织机构过于庞大、管理人员过多、机构紊乱的问题，而且制度流于形式，有严重的官僚化倾向。农业部国营农场管理局发现许多领导干部没有领悟专责的精神，不能掌握工作环节，"遇事一把抓"。有些农场领用零星物品也要经过场长批准。因为事事都管，农场领导自然忙于小事，陷入事务主义的深渊，反而不能及时研究和解决农场的重大问题。此外，一些农场的专责制度只贯彻到各队和各小组，没有具体到个人，还是不能发挥每个人的生产积极性和创造性。[1]管理人员过多，自然容易产生官僚主义等问题，容易增加生产成本，降低工作效率。国营河南黄泛区农场非生产人员占参加生产人员的36.9%，国营博爱农场非生产人员占参加生产人员的30%左右，这都超过农业部规定的近1倍。[2]

当然，国营农场初办时期由于经验不足，自然难免存在一些问题，既不能讳言和美化，也需要放在特定的时空背景中综合分析，不能过于苛责。面对这些问题，各地也

① 中央人民政府农业部国营农场管理局：《一九五一年国营农场工作总结》（1952年6月），中国社会科学院、中央档案馆编：《1949—1952中华人民共和国经济档案资料选编（农村经济体制卷）》，社会科学文献出版社1992年版，第814页。
② 中共河南省委：《关于国营博爱、黄泛区两个机械农场工作的指示》（1953年初），中国社会科学院、中央档案馆编：《1949—1952中华人民共和国经济档案资料选编（农村经济体制卷）》，社会科学文献出版社1992年版，第815页。

不断采取措施加以解决，主要是建立健全党群组织，强化政治思想工作，不断掀起轰轰烈烈的生产运动以完成农业增产任务。通过引用和推广技术、加大财政投入、逐步完善相关组织管理和财政制度等，一些国营农场逐步完成农业增产任务。

国营农场的作用是很大的。首先，向农民传授先进耕作技术。许多地区组织了以国营农场为领导、农村技术委员会为核心、互助组劳动模范为基础的技术推广网，普及科学技术和丰产经验。深耕、密植、施肥、选种及棉花整枝等先进科学技术，不断推广到普通农民，运用在具体的农事耕作中。

其次，推广优良品种和防治病虫害。1951年，河北省各国营农场推广了大量优良品种。

再次，开展爱国增产竞赛运动。

最后，推动农业生产互助合作运动。一些国营农场连年增产，加之通过互助合作组向农民推广先进的耕作技术和优良品种，有效地推动农业生产互助合作运动的开展。

三、推广技术

新中国成立初期，农业生产强调"组织起来，提高技术，发展生产"①。农业增产不仅需要增加资金、物资、劳动、水利等方面投入，还需要适宜的农业增产政策调动农民的积极性，更需要农业生产技术的改进、推广和普及。改良土壤、开垦荒地、增施肥料、改良品种、推广良种、改进耕作技术、防治病虫害、改良农具都可以有效推动农业增产。

1. 改良土壤

土壤是农作物生长的基础。水土保持对农业增产颇为重要，其基本任务就是保护土地、恢复和改良土壤。耕地的数量和质量影响了农业产量，而改良土壤显然是提高土地质量的重要方法。中国幅员辽阔，既有广袤肥沃的黑土地和稳产高产的水稻土，也有浩瀚贫瘠的盐碱地、红壤区、黄土区、黄泛区和沙漠风蚀区。充分利用这些低产土地，提升土壤肥力成为新中国成立初期农业增产的当务之急。1950年，农业部召开全国土壤肥料会议，明确提出"这次土壤会议，以解决当前问题为主；同时要制定将来的计划，以达到逐步的恢复及提高土壤肥力，增加产量的目的"，具体要求"制定合理的土地利用计划"，"必

---

① 中共察哈尔省委：《察哈尔省农业生产互助合作运动的情况》（1952年4月15日），中国社会科学院、中央档案馆编：《1949—1952中华人民共和国经济档案资料选编（农村经济体制卷）》，社会科学文献出版社1992年版，第521页。

须改善耕作方法，提倡实行轮作制度，增施肥料，改良肥料，推广根瘤菌接种，开展群众性的土壤改良运动"[1]。

随后全国开始了西北黄土区、沙漠风蚀区、西南山地区、华南红壤区、黄泛区、华北山地区、东北区、长江中下游区域等一系列试验区的工作，采取了不同的应对措施。红壤区面积广大，囊括江西、湖南、福建、广东、广西等地，土壤冲刷严重。为了恢复土壤肥力，适应作物生长，全国土壤肥料会议号召尽量采取种植牧草及豆科植物、实行轮栽、施用石灰、调剂土壤酸度的措施。而盐碱地的改良方法，当时主要采取以下7种方法：掘沟填土法（一般称高台地），即地边掘沟，将沟里的土垫在地上，垫高台地，这样便利农民在地势较高的土地栽种抗碱抗涝的作物；客土法，主要有掘坑换土法和掘沟背土法，前者先用锹掘一坑，中间放砂土或淤土，后者是秋后深掘田地，排成条沟（向风）；起碱法，即将聚集在地面的碱皮刮起来堆到地边；水洗法，利用大量水进行大规模洗碱；深翻法，土壤含盐质仅在表面时，可行深翻；种植拔碱作物，种植红荆、扫帚草、焦草等，几年后可以改良土壤；

---

① 杨显东：《全国土地利用的方针和任务》（1950年4月），中国社会科学院、中央档案馆编：《1949—1952中华人民共和国经济档案资料选编（农业卷）》，社会科学文献出版社1991年版，第208页。

多施有机质肥料。[①]黄泛区原是黄河泛滥区域，根本解决方法是黄河上游的水土保持和黄土的合理利用，具体措施是建立森林防护带，以防止风沙的侵蚀，种植牧草，实行轮栽制度，改良盐碱土与砂姜土，并注意灌溉工作，保持水土。[②]其他低产土地也逐步采取措施应对，不再罗列。

2. 开垦荒地

开垦荒地容易酿成水土流失，但不失为增加土地数量的重要方法。尤其当时温饱不足、熟荒不少，开垦荒地更成为农业增产的快捷方法。据1950年全国土壤肥料会议土地利用组的总结数据可知：全国耕地14亿亩，约占土地总面积的10%。荒地面积至少有四五亿亩。可供开垦的荒地中，预计东北有2亿亩以上，红壤区有1亿亩以上，加之其他各省，综合起来不低于四五亿亩。[③]面对这巨大的荒地，中共中央和中央人民政府采取了一系列措施。1950年，中央号召解放军转入生产建设，成为生产军。大规模

---

① 黄佩民：《农民改良盐碱荒地的方法》（1951年），中国社会科学院、中央档案馆编：《1949—1952中华人民共和国经济档案资料选编（农业卷）》，社会科学文献出版社1991年版，第225—228页。

② 《全国土壤肥料会议总结报告》（1950年4月24日），中国社会科学院、中央档案馆编：《1949—1952中华人民共和国经济档案资料选编（农业卷）》，社会科学文献出版社1991年版，第228页。

③ 《全国土壤肥料会议土地利用组总结》（1950年4月），中国社会科学院、中央档案馆编：《1949—1952中华人民共和国经济档案资料选编（农业卷）》，社会科学文献出版社1991年版，第220页。

成建制的解放军响应号召，纷纷转业并成为建设骨干，还吸收城镇青年、移民和农业科技人员，组成开垦大军，在边疆和内地荒原上开垦荒地。与此同时，中央也鼓励农民积极开荒，并制定激励政策：垦种生荒地可在3年至5年免纳农业税，垦种熟荒地可1年至3年免纳农业税。[①]

全国各地积极响应开垦荒地政策。仅1949年冬1950年春，中南地区就开垦94.49万亩荒地，其中湖北31.8万亩、江西30万亩、湖南16.69万亩、河南15万亩、广西7个县1万亩。[②]全国开垦的荒地数量更为巨大，耕地面积随之迅猛增加。1949年全国的耕地总面积是14.68亿亩，而1950年、1951年和1952年相比前一年分别增加了3711.68亿亩、4973万亩、6371万亩，因此耕地总面积迅速跨过15亿和16亿大关，分别达到15.05亿亩、15.55亿亩、16.19亿亩。农作物总播种面积也迅速增加。由于农作物复种指数的提高，农作物播种面积的增加比耕地面积的增加更快。粮食作物的播种面积迅速跨过17亿亩和18亿亩大关，即从1949年的16.49亿亩迅速增至1950年的17.16亿亩、1951年的17.67亿亩、1952年的18.60亿亩。1952年，农作物的总

---

① 《新解放区农业税暂行条例》（1950年9月5日），中国社会科学院、中央档案馆编：《1949—1952中华人民共和国经济档案资料选编（农业卷）》，社会科学文献出版社1991年版，第100页。

② 《中南局向中共中央的报告》（1950年6月3日），中国社会科学院、中央档案馆编：《1949—1952中华人民共和国经济档案资料选编（农业卷）》，社会科学文献出版社1991年版，第220页。

播种面积达到21.12亿亩，[①]这种增加速度不可谓不快。

3. 增施肥料

肥料缺乏成为制约农业增产的重要因素。增施肥料可以有效提高土壤肥力，是农业增产的重要措施。农谚有"人靠饭养，地靠粪肥""种田无别巧，第一肥料饱""庄稼一枝花，全靠肥当家"。肥料对农业增产的影响可见一斑。新中国成立初期，每年都有农业增产指标，1950年农业生产的中心任务是增产粮食100亿斤和皮棉477万担，[②]1951年是在1950年基础上增产粮食7.1%、棉花36.9%、麻袋用麻69.1%、烤烟叶324.7%、红茶及青砖茶35.1%、家蚕茧14.9%、柞蚕茧56.8%、油料9.7%、糖29.1%、水产20.7%等等，[③]1952年农业生产总要求是达到并超过1937年日军全面侵华前的生产水平，具体要求在1951年基础上增产粮食8%和棉花20%等。当时实现农业增产任务重在提高单位面积产量，"增施肥料是当前提高

① 中国社会科学院、中央档案馆编：《1949—1952中华人民共和国经济档案资料选编（农业卷）》，社会科学文献出版社1991年版，第223—224页。

② 《中央人民政府农业部关于一九五〇年农业生产方针及粮棉增产计划指示》（1950年2月），中国社会科学院、中央档案馆编：《1949—1952中华人民共和国经济档案资料选编（农业卷）》，社会科学文献出版社1991年版，第35页。

③ 《中央人民政府政务院关于一九五一年农林生产的决定》（1951年2月2日），中国社会科学院、中央档案馆编：《1949—1952中华人民共和国经济档案资料选编（农业卷）》，社会科学文献出版社1991年版，第38页。

单位面积产量可能而且最有效的办法"①。

农田施肥不但可以改良土壤，供给农作物充足的养料，而且可以增加农作物抵抗病虫害的能力。在一定生产条件下，施肥越多，农作物的产量越大。②

商品肥料生产量有限，且价格不菲，因此"为解决目前问题，最切实可行的办法，只有从农家积肥上着想"。农家肥料也是当时农业用肥的主要来源。农民利用农家肥料源远流长，广大农民积累了丰富的积肥经验。农家肥料中运用较广的应是土粪。土粪是每户农家必不可少的生产资料，厩肥、圈肥、人粪尿都是制造土粪的主要原料。当时农业部呼吁各地注意利用城粪，有组织地做好城粪下乡工作。厩肥、圈肥、人粪尿的数量有限，而栽培绿肥是解决肥料缺乏的有效办法。压绿肥的原料广泛，农民可以利用农闲收集植物残余物，如野草落叶、河泥水草，还可以广种豆科绿肥和牧草。③

为了增施肥料，提高单位面积产量，农业部号召在全国范围内普遍掀起积肥运动。"做好群众积肥工作，主要

---

① 《中央人民政府政务院关于一九五二年农业生产的决定》（1952年2月15日），中国社会科学院、中央档案馆编：《1949—1952中华人民共和国经济档案资料选编（农业卷）》，社会科学文献出版社1991年版，第43—44页。

② 《切实解决农业肥料问题》，《人民日报》1952年3月24日第1版。

③ 张乃凤：《怎样满足农民对肥料的要求》（1951年9月25日），中国社会科学院、中央档案馆编：《1949—1952中华人民共和国经济档案资料选编（农业卷）》，社会科学文献出版社1991年版，第243页。

关键在于领导重视"。农业部要求各地加强组织领导，逐级推动，逐级制定专人负责，深入农村广泛宣传，具体技术指导，发动农民订计划，开展积肥竞赛，同时总结典型，及时推广普及典型经验。1952年，政务院认定"目前积肥最有效的办法就是养猪"，明确要求"各级政府应制定增殖猪的切实计划、领导农民迅速地做到'家家养猪，修圈积肥'"①。在层层检查、层层推动之下，各地普遍开展了积肥施肥运动，不断向"家家养猪，修圈积肥"方向迈进。"养猪的主要目的在于积肥"，当时肥料普遍缺乏，养猪不仅可以提供肉类产品，还可以积攒猪厩肥，有利于农业增产。

积肥工作也有明显不足，主要表现在肥料数量少和利用不足、积肥方法不完善、领导不够重视等。粪源并未充分利用，各地普遍存在"人缺厕所、猪无圈、马无棚、周围又没有攒粪坑"的现象，自然损失了大部分人、畜的粪尿。许多简单易行的积肥技术尚未普遍实行。已有的积肥沤粪方法不够完善，普遍存在着土多粪少、夹杂生粪，还有鸡刨、猪滚、风吹日晒雨淋现象，这直接损失20%～60%的粪肥效力。各级领导一般多号召积肥，往往

---

① 《中央人民政府政务院关于一九五二年农业生产的决定》（1952年2月15日），中国社会科学院、中央档案馆编：《1949—1952中华人民共和国经济档案资料选编（农业卷）》，社会科学文献出版社1991年版，第44页。

满足于表面的积肥数字。东北各地区积肥施肥计划多是单纯根据已有积肥数字而估计，因此积肥施肥计划本身不切实际，层层上报成为形式主义。整个积肥工作尚缺乏深入的具体指导和组织，多在备耕期间临时突击积肥，自然数量不足、质量极差。[①]有鉴于此，各地不断采取措施加以改善，不断积肥、造肥和改进施肥技术，具体而言是增加肥料来源，不仅扩充农村自然肥料（即农家肥料）和商品肥料（主要是饼肥和化学肥料），而且改良肥料处理和使用方法。自然肥料着重增加数量、寻找来源、改进处理和使用方法，商品肥料着重增加油饼及化学肥料的生产调剂、供应和改进施用法。

除了农家肥料，饼肥和化学肥料是农业肥料另一个重要来源。1952年，政府拨出1.5万亿肥料贷款，委托合作社购置肥料供应农民。各级合作社被要求有计划、有重点、有步骤地供应肥料，把大部分饼肥和化学肥料留作夏秋两季追肥使用。1952年，全国合作总社准备228万吨饼肥和化学肥料供应农民，其中32.5%施于稻田，约可增产稻谷220万吨；17.1%施于麦田，约可增产小麦60万吨；38.5%施于棉田，约可增产棉花825万担；剩下的

---

① 东北人民政府农业部：《东北区肥料工作会议总结》（1952年8月10日），中国社会科学院、中央档案馆编：《1949—1952中华人民共和国经济档案资料选编（农业卷）》，社会科学文献出版社1991年版，第251—252页。

施于烟、麻等地，连上述增产数量，总计可达7万亿元左右。[1]事实上，截至1952年10月中旬，全国合作社掌握油饼222.1万吨，完成计划104.5%，化学肥料31.2万吨，完成122.51%，超过1951年合作社与土产公司供应总数的188.5%。已供应到农民手中的油饼约177.7万吨，占掌握数的80%；化学肥料约28万吨，占90%，剩下的作为小麦底肥之用。[2]化学肥料对农业增产明显，虽多是进口且价格高，但是供应总数在不断增加。全国供销总社1952年供应化学肥料29.51万吨，是1951年13万吨的2.27倍。[3]

4. 改良品种

种子是农作物种植的基本前提，选育优良品种（通称良种）是农业增产的重要措施。"改良作物品种为增加粮食产量，提高质量最基本且最经济的办法，在同样土地、同样耕作、同样工本情形下，只要选种良种就可增产。"[4]

---

① 《切实解决农业肥料问题》，《人民日报》1952年3月24日第1版。

② 全国合作社：《1952年肥料供应工作报告》（1952年10月24日），中国社会科学院、中央档案馆编：《1949—1952中华人民共和国经济档案资料选编（农业卷）》，社会科学文献出版社1991年版，第259页。

③ 《历年化肥供应数量》，中国社会科学院、中央档案馆编：《1949—1952中华人民共和国经济档案资料选编（农业卷）》，社会科学文献出版社1991年版，第263页。

④ 中南军政委员会农林部：《关于发动水稻选种运动的指示》（1950年7月26日），中国社会科学院、中央档案馆编：《1949—1952中华人民共和国经济档案资料选编（农业卷）》，社会科学文献出版社1991年版，第287页。

1950年2月，农业部制定了5年良种普及计划，要求普遍开展群众选种运动，建立品种改良制度，保证5年内完成良种普及计划。[①]

什么是优良品种？这是品种改良及推广良种首要解决的问题。优良品种需具备丰产、抗病、质优3个条件。"品种改良不仅是为了增产，同时也是从根本上减轻或消灭病虫害方法之一"[②]，而后者说到底是为了稳产和更好地增产。当时农业部也有良种的标准，即"每种作物应以当地种植最多，群众公认为最好的品种作标准，凡是产量高，品质好，抗灾抗病虫害力强，且合于群众特殊需要的都是优良品种"。农业部要求根据上述标准进行品种鉴定，每个优良品种相较标准种，产量究竟增多少？品质究竟好多少？抗灾抗病虫力究竟强多少？这些都需要相关具体材料证明，说清楚品种好在何处，认清楚该品种为什么好。只有经过严格检定，最终选出来的品种，才能批准就地推广。[③]

如何选育优良品种？这是改良品种的关键步骤。1950

---

①　农业部：《五年良种普及计划草案》（1950年2月），中国社会科学院、中央档案馆编：《1949—1952中华人民共和国经济档案资料选编（农业卷）》，社会科学文献出版社1991年版，第264页。

②　农业部粮食生产司：《关于粮食作物的良种普及工作》（1951年5月31日），中国社会科学院、中央档案馆编：《1949—1952中华人民共和国经济档案资料选编（农业卷）》，社会科学文献出版社1991年版，第291页。

③　农业部：《五年良种普及计划草案》（1950年2月），中国社会科学院、中央档案馆编：《1949—1952中华人民共和国经济档案资料选编（农业卷）》，社会科学文献出版社1991年版，第265页。

年，农业部要求普遍开展群众选种运动，广泛发动群众进行选种工作，以县为单位评选优良品种。为了评选各种主要农作物的优良品种，各地必须以生产委员会为主吸收劳动英雄及技术干部加强县、区、村各级选种委员会的组织与领导，一方面发动群众比庄稼、比收成、比劳动，提倡田间选种，掀起选种运动热潮，交流技术经验；另一方面组织农场技术干部及劳动英雄开展品种检定，并采集标本，在麦收与秋收完毕，确定时间召开全县良种比赛会议，以评选全县的优良品种。[①]各县评选出优良品种之后，各专区繁殖场拿各县的初选种和省农场的决选种进行繁殖比较，再进行选种工作。经层层比较，最终选出适应本地生长的优良品种。

5. 推广良种

为了保证5年内完成全国良种普及计划，农业部加大种子投资力度，成立种子公司。种子投资必须用于优良品种，不能够作他用。"只能以全部的投资来掌握良种，才能保证完成五年普及良种的任务。"[②]种子公司以经营和

---

① 农业部：《五年良种普及计划草案》（1950年2月），中国社会科学院、中央档案馆编：《1949—1952中华人民共和国经济档案资料选编（农业卷）》，社会科学文献出版社1991年版，第264页。

② 农业部：《关于运用种子投资的指示》（1950年3月25日），中国社会科学院、中央档案馆编：《1949—1952中华人民共和国经济档案资料选编（农业卷）》，社会科学文献出版社1991年版，第269页。

管理优良品种达到良种普及和提高生产为目的。农业部要求5年内普及良种，具体规划是：1950年大力进行群众选种工作，从1951年将各县初选种及现有优良品种，由各县推广场及各村留种地进行繁殖。至1952年就可以推广到农民大地，在群众中每年进行继续选种，并在全国范围内普遍进行。此后不断进行品种比较，并选出决选种，在1953年交专区繁殖场或县推广场进行繁殖并继续精选。1954年即可推广到各村留种地更换新种，1955年开始普遍推广。1955年后农场新的改良品种又将育成，如继续不断地选种和改良，保证5年内完成良种普及计划，并指明了一个优良品种不断提高的方向。[①]

推广良种是实现农业增产任务的重要方法，取得的成绩是巨大的。据不完全统计，1950年夏秋两季全国推广良种约900万亩，超过原计划的136%。与此同时，农民也不断挑选良种，选种换种约3亿斤，可播种5000万亩。全国548个县选出1681种优良品种。[②]1951年和1952年良种推广面积更为广大。1951年至1952年水稻良种推广面积从980.7万亩增至2280.4万亩，小麦良种推广面积从1030.3

---

① 农业部：《五年良种普及计划草案》（1950年2月），中国社会科学院、中央档案馆编：《1949—1952中华人民共和国经济档案资料选编（农业卷）》，社会科学文献出版社1991年版，第266—267页。

② 农业部粮食生产司：《关于粮食作物的良种普及工作》（1951年5月31日），中国社会科学院、中央档案馆编：《1949—1952中华人民共和国经济档案资料选编（农业卷）》，社会科学文献出版社1991年版，第288—289页。

万亩增加到2493.1万亩，杂粮良种推广面积从2997.2万亩增至4822.7万亩，薯类良种推广面积从129万亩增加到584万亩，油料作物从160.5万亩增至488.6万亩，分别增长了2.33倍、2.42倍、1.61倍、4.53倍、3.04倍。[①]

粮食作物和油料作物优良品种的普及更多地遵循就地选种、就地推广的原则，棉花除推广本地的丰产良种外，还大量引进了美国的优良品种。

相比于此前历届政府忙于权力争斗与战场搏杀，忽视民生和良种推广，新中国成立后中国共产党和各级政府极为重视良种推广。国民政府10多年无法有效推广一个优良品种，而新中国成立3年来迅速推广优良品种，不断提高农作物优良品种的质量。优良品种推广不仅有效实现了农业增产任务，而且有力提升了农作物的质量。良棉的推广不仅提高了单位面积产量，也提升了棉花质量，尤其长纤维棉的增加，提高了纺纱效率，纱的拉力也增强很多，并有了可纺60支纱的原料，这在之前的国产棉花中都是缺失的。[②]

① 《1951—1952年粮食作物及油料作物良种推广面积》，中国社会科学院、中央档案馆编：《1949—1952中华人民共和国经济档案资料选编（农业卷）》，社会科学文献出版社1991年版，第296页。

② 中央农业部：《三年来新中国棉花生产的伟大成就》（1952年10月），中国社会科学院、中央档案馆编：《1949—1952中华人民共和国经济档案资料选编（农业卷）》，社会科学文献出版社1991年版，第318页。

6. 改进耕作技术

农业耕作技术是一整套有机结合的系统技术，包括整地技术、选种技术、施肥技术、种植技术、防治技术等。中国曾长期具有世界上最先进的农业经济，其重要基石便是先进的农业耕作技术。从旧石器时代的"刀耕火种"、新石器时代的"石器锄耕"再到铁器时代的"铁犁牛耕"，中国历次经济革命都伴随着重大的技术变迁。精耕细作是中国传统农业技术的基本特点，先进的农业耕作技术有利于提高土地利用率，实现农业的稳产、高产、增产。新中国成立后，党和政府号召广大农业科技工作人员深入农村，系统总结农民丰产经验和先进农业耕作技术，有机结合各单项耕作技术与综合技术，因地制宜地推广，有效提升水稻、小麦、棉花等农作物单位面积产量。以下分别论述水稻、小麦、棉花耕作技术的改进。

水稻是中国重要的粮食作物，主要产区在南方，也广布北方各省。新中国成立后，党和政府高度重视水稻耕作技术与栽培制度的改良，广泛开展水稻技术改进运动，并力图以专区、县农场为核心，互助组、生产合作社为基础，劳动模范为骨干，建立技术推广网，帮助农民运用丰产技术，掌握季节、具体指导，把丰产技术贯彻到农民中去。做好秧田管理，选用良种，培育壮秧，是水稻丰产的基础，也是防治烂秧的基本方法。除此之外，适度深耕、密植浅插、中耕锄草、改进栽培技术亦能显著增产。

水稻是需肥量、需水量都很大的作物，充分施肥、及时灌溉是水稻增产的重要原因。日军全面侵华后天津小站一带水稻亩产量仅250斤到350斤，新中国成立后这一带的稻田亩产量逐年提高。1950年，有些村和互助组的水稻产量平均达到六七百斤，有5户农户的水稻亩产量最高达到1000斤。当地农民认为水稻丰产的主要原因是肥料充足，"应施多少肥料，就施多少肥料。既不过少，也不过多。肥料缺少，不能达到高产量；肥料过多，也会招致减产"。这就意味着施肥既要充足，又要适时，"要在作物最需要施肥的时候，予以充分供给"。灌溉同样如此，"自分蘖至孕穗前，是水稻发育旺盛时期，蒸发量较大，必须增加灌水，要有二寸至二寸半深，以供给足够的水分。在抽穗开花期，千万不要断水。至黄熟期应放小水。在收获前十余日，即停止放水"。[①]经过反复试验，多施基肥、分期追肥、注意绿肥、适时落干被认定是水稻增产的有效措施。

除上述之外，党和政府提倡各地栽培双季稻，防治病

---

① 农业部：《天津小站稻区二百多个水稻千斤户丰产经验介绍》（1951年12月1日），中国社会科学院、中央档案馆编：《1949—1952中华人民共和国经济档案资料选编（农业卷）》，社会科学文献出版社1991年版，第320—321、323页。

虫与旱涝灾害。双季稻是早稻和晚稻，分期插秧、隔行间作的一种栽培方法。据当时调查与试验结果，双季稻平均每亩较单季稻增收三成至五成。1950年3月，农业部指示，为了增加粮食生产，提倡栽培双季稻。由于螟虫是水稻当时最大的敌害，为此各地一年四季都防治螟虫，春季做好秧田捕蛾采卵、稻田拔枯心苗，夏秋季节蓄水防旱、齐泥割稻、掘毁稻根，冬季开展深耕。新中国成立3年来，水稻耕作技术不断改进，水稻也迅速增产。1952年全国水稻的总产量超过1951年水稻总产量的24%，更超过1937年日本全面侵华前的历史最高总产量的34%。①

南稻北麦。虽然水稻和小麦广布全国各省，但是水稻和小麦的主要产区分别在南方和北方，这就形成了不同的种植结构和饮食文化。不过，小麦和水稻耕作技术的改进却有很多相同之处，均提倡深耕密植、适时追肥、防治病虫害等等。深耕是改善土壤结构、提高土壤肥力、保蓄土壤水分的有效措施，并对小麦根系发育及消灭杂草有极大作用。北方很多麦作区域"十年九旱"，且大部麦作区域的每年降雨量有1/2到3/5集中在7、8、9三个月，深耕就成为防旱保墒的先决条件，而适度密植可以减少土壤水分

①　《大力推广水稻丰产经验争取大面积丰收》（1953年2月25日），中国社会科学院、中央档案馆编：《1949—1952中华人民共和国经济档案资料选编（农业卷）》，社会科学文献出版社1991年版，第331页。

蒸发及杂草生长，有助于小麦增产。适度密植充分发挥地力，改善小麦的生长条件，显著增加单位面积的收获量，当时被认定为小麦增产最经济、最简易、最可靠、最有效的方法。①不少地区由于小麦连作，产量越来越低，农业部鼓励种植牧草及绿肥作物，提倡合理换茬，推广草田轮作制度，认为这"是改良土壤结构，保蓄土壤水分，提高土壤肥力的最好办法"②。鉴于北方缺水，小麦耕作技术尤为强调防旱保墒。至于小麦的适时追肥、选育良种、适期播种、防治病虫害，与水稻耕作技术的改进措施及其原理、效果如出一辙，不再赘述。

除上述措施之外，为了尽快实现小麦增产，1950年6月17日，农业部指示春小麦区尽可能引种冬小麦，有组织、有计划地大力扩展冬小麦种植面积，"把春麦区，改变为冬麦区，是增加小麦产量的重要而正确的措施"③。小麦是北方的主要粮食作物，也广布南方各省，形成北方冬小麦区和南方冬小麦区。这两者农业耕作技术的改进方

---

① 农业部农业生产司：《密植在小麦增产中的作用》（1952年9月25日），中国社会科学院、中央档案馆编：《1949—1952中华人民共和国经济档案资料选编（农业卷）》，社会科学文献出版社1991年版，第344页。

② 农业部：《冬小麦丰产技术试行纲要》（1952年9月7日），中国社会科学院、中央档案馆编：《1949—1952中华人民共和国经济档案资料选编（农业卷）》，社会科学文献出版社1991年版，第343页。

③ 《农业部关于春麦区引种冬麦的指示》（1950年6月17日），中国社会科学院、中央档案馆编：《1949—1952中华人民共和国经济档案资料选编（农业卷）》，社会科学文献出版社1991年版，第334页。

向并不完全相同，各有侧重。北方冬小麦区侧重在水肥条件具备的地区，扩大间种、套种、复种面积，而南方冬小麦区发展稻麦两熟的耕作和栽培制度，利用冬闲田扩大小麦种植面积。鉴于历史上北方冬小麦区播种量偏少，缺苗断垄严重，而南方冬小麦区习惯望天撒播，麦苗不匀不壮，产量很低，从事小麦耕作和栽培技术研究的农业技术人员各有侧重，有针对性地重点研究小麦的播种期、播种量、播种方法、耕作保墒、越冬保苗、防止春霜冻害、防倒伏以及间种、复种、套种两季技术。农业部还总结各地丰产经验，在北方重点推广山东胶东地区掖县农民创造的"窝麦"栽培法，即在种麦的时候，把种子均匀地撒播在灌了水、铺了粪、整理得很细致的宽沟里；在南方广泛号召改撒播为条播，为间种、套种、复种创造条件。[①]

棉花是中国最重要的经济作物，也是解决温饱问题中穿暖问题的关键农作物。千百年来，国人梦想衣食无忧、温饱无虞，棉花产量不足是制约这一梦想实现的重要因素。新中国成立后，党和政府不断改进棉花耕作与栽培制度，提升棉花产量和质量。棉花耕作技术会直接影响产量，"同样的棉种，因为耕作技术的高低，产量可相差几倍。好的棉种，如果不配合适当的耕作技术，良种的

---

① 吴承明、董志凯主编：《中华人民共和国经济史（1949～1952）》，社会科学文献出版社2010年版，第384页。

优性也不能发挥"①。1952年，棉花播种面积稳定在1951年的水平，政务院要求棉花产量要在1951年的基础上增产20%。要实现这个增产要求，改进栽培技术成为关键。1952年3月31日，农业部专门发布指示要求改进棉花栽培技术，提高单位面积产量。②次日，农业部专门发布《棉花丰产技术指导纲要》，要求各地为达到棉花的丰产早熟，在栽培技术上必须掌握以下10项：深耕多耙、选用良种、及时播种、适当密植、保证全苗、增施肥料、防旱防水、早锄多锄、防治病虫、合理整枝。这10项技术要密切结合，不能孤立地、片面地只实施某项技术改进。"各项丰产技术，必须适当结合，实施全面改进，以发挥联因互补累进增产的效用。"③

农业耕作技术的改进是一整套复杂且有机结合的工作，结合了农业科学技术、农民丰产经验，还引进了海外生产经验。新中国成立初期，全国农民的农业生产技术已有初步改进，不仅强调适时管理，而且强调因地制宜的空

① 《1951年华北农业技术会议棉花组总结》（1951年1月10日），中国社会科学院、中央档案馆编：《1949—1952中华人民共和国经济档案资料选编（农业卷）》，社会科学文献出版社1991年版，第347页。

② 《农业部关于改进栽培技术提高棉花单位面积产量的指示》（1952年3月31日），中国社会科学院、中央档案馆编：《1949—1952中华人民共和国经济档案资料选编（农业卷）》，社会科学文献出版社1991年版，第350页。

③ 农业部：《棉花丰产技术指导纲要》（1952年4月1日），中国社会科学院、中央档案馆编：《1949—1952中华人民共和国经济档案资料选编（农业卷）》，社会科学文献出版社1991年版，第353页。

间意识，还不断学习国内外先进的技术和生产经验。积肥、施肥、选种、浸种、防治病虫害都形成了规模不同的群众运动。3年内全国施肥面积增长了15%，施肥量增加了30%。粮食作物的优良品种已经推广2亿多亩，棉花优良品种已经占棉田总面积的一半以上。很多农场和农民吸收了农业科学技术、生产模范的丰产经验，还引进苏联的生产经验，全面地改进栽培技术。在合理密植、深耕、整地、施肥、播种、中耕、灌溉、防治病虫害等方面都创造了一套成熟的做法，出现了很多优秀的丰产典型。

总体而言，当时的农业耕作技术改进工作既不故步自封、居高自傲，有意识地吸收传统农民的丰产经验，又不画地为牢、盲目排外，适时引进海外先进生产经验和优良品种，还尊重科学、精益求精，不断加大投资力度，重视发展农业科学技术，同时注重推广先进技术和丰产经验，强调因地制宜，反对行政命令式的贯彻方法，"最好的办法是用看得见的事实和具体的利益教育农民"①，最终实现生产革命，推进社会改造和农业增产。

7. 防治病虫害

农作物病虫害的分布基本按照气候分区，具有空间特

① 农业部棉产处：《有计划地推广曲耀离的棉花丰产经验》（1952年7月），中国社会科学院、中央档案馆编：《1949—1952中华人民共和国经济档案资料选编（农业卷）》，社会科学文献出版社1991年版，第362页。

点。具体而言，农作物病害是东部重于西部，从北到南大体上东北主要为玉米大小斑病，华北是小麦锈病，长江流域是小麦赤霉病，华南为稻瘟病；而农作物的主要虫害从北向南依次是东北、华北的黏虫，黄河河滩和沿海滩涂的蝗虫，长江流域及以南地区的稻螟虫。①

党和政府高度重视防治农作物病虫害，主要采取灾前预警、灾时支援和灾后总结的措施。

首先，灾前预警。每年病虫害大规模暴发之前，农业部、中财委或政务院及各级机构根据病虫害的现时情况与过去经验，指示各地重视农作物病虫害防治工作。

时刻了解病虫害的情况是实现有效灾前预警的关键。为尽快准确掌握病虫害信息，构建和改善情报组织及其制度就尤为重要。为了更好地预警灾害情况，1951年7月13日，中财委指示：各地人民政府农业领导机关应健全已有的防治病虫机构，并广泛地建立情报组织。②情报组织初建时期自然会出现不健全、不普遍的现象，加之经验不足、重视不够或为税收减免，各地对病虫害常常或忽视不报或以轻报重或以重报轻，以致情报错误或缺乏实效性，

---

① 中华人民共和国国家统计局、中华人民共和国民政部编：《中国灾情报告：1949—1995》，中国统计出版社1995年版，第17页。

② 《中财委关于继续加强害虫防治工作的指示》（1951年7月13日），中国社会科学院、中央档案馆编：《1949—1952中华人民共和国经济档案资料选编（农业卷）》，社会科学文献出版社1991年版，第365页。

导致无法精确地组织力量和配备药械，难以适时防治，收效甚微。有鉴于此，1952年3月26日，政务院指示今后必须以村为基点，建立经常情报制度。病虫害防治站应在专县人民政府领导下组织情报网，尤其在蝗虫、棉蚜、红蜘蛛、稻螟虫经常发生地区。情报网的组织应健全与普遍，掌握病虫发生与发展的真实情况，立即上报，及时组织力量进行防治，力争做到"病虫发生在那里，即消灭在那里"①。

其次，灾时支援。新中国成立初期，中国防治病虫害从以人力捕打为主转向以药剂除治为主的现代化防治，甚至动用飞机防治病虫害。各地不断普及药械等防治病虫害的现代科学技术，同时有意识地组织动员民众，结合民众既有的病虫害防治经验，以弥补药械之不足。"全国各地组织农民支付了八百万个工作日，使用了各种药剂一千零四十余万斤，并有人民空军出动协助灭蝗，防治面积共达一亿二千余万亩，超过1950年全国防治面积将近一倍。各种病害防治六千七百余万亩。"②使用药械明显要比人力捕打效率高，也有利于节省人力、物力，这在治蝗方面

---

① 《政务院关于一九五二年防治农作物病害虫害的指示》（1952年3月26日），中国社会科学院、中央档案馆编：《1949—1952中华人民共和国经济档案资料选编（农业卷）》，社会科学文献出版社1991年版，第367—368页。
② 中华人民共和国内务部农村福利司编：《建国以来灾情和救灾工作史料》，法律出版社1958年版，第52页。

表现尤为明显。国家财政经济情况好转，使药械能大量生产，以药剂除治为主来防治病虫害成为可能。

药械和药剂的供应愈益充足，防治病虫害的技术日益完善。由于防治棉花病虫害的药械供应不足，1951年冬季各大区便组织起来集体订购喷雾器，保证喷雾器的及时供应。1952年，各大区发放了5000多亿元的药械贷款，由合作社经营贷放，全国准备了38万多具喷雾器，比1951年增加3倍，各种棉虫药剂5900余万斤，是1951年的8倍。这大大改变了既有的传统防治方法，为成功防治农作物病虫害奠定了物质基础。为了普及和提高防治技术，提高农作物病虫害的防治效率，各级党政部门不断强化培训措施。

最后，灾后总结。中国共产党在全国政权初建时期，很多时候都在摸索中前进。农作物病虫害的防治更是如此，在从以传统经验为主迈向现代化防治的巨大变革中，灾后总结经验教训尤为重要。1951年，各地防治农作物病虫害是以人工捕打为主、药械为辅，此后逐步走向以药剂除治为主。各地不断总结经验，虽然需要针对不同区域、不同农作物的病虫害因地、因病、因虫制宜，但是基本内容是领导高度重视、干部积极动员、农民组织起来，注重灾前预防、灾中治理、灾后恢复生产，综合运用先进科学技术与农民的传统经验防治病虫害。应该说，这些经验虽有不完善之处，但基本得到有效贯彻，有利于农作物病虫害的防治。

农作物病虫害的具体防治经验多样，但均强调组织起来互助合作是推动全面防治病虫害的核心，这其实也是基层不断走向农业集体化的成因。在轰轰烈烈的防治农作物病虫害运动中，组织起来防治病虫害确实取得了良好成绩，互助合作组织也起到了先锋模范作用。其一，组织起来互助合作解决了单独购买药械的困难。当时药械成本不菲，个体农民难以购买喷雾器，而互助组可以集体买、轮流用。其二，组织起来互助合作有利于技术推广，同时有组织地防治病虫害，也利于分工合作，充分发挥整半劳动力的作用，做到大家治、全面治，保证农业增产。其三，农民也体会到组织起来的好处。当时由合作社经营药械，贷放药械贷款，组织起来互助合作的农民优先得到药械贷款和药械供给，这显然亦是组织起来的利益激励。加之不断宣传组织起来和组织起来在防治病虫害中的优势显现，不少地区发展了互助组。

通过宣传动员、技术推广和利益激励，组织起来互助合作在农作物病虫害防治中确实展现了巨大的优势，有效推动农业合作化。通过组织生产、组织生活和技术改造，党和政府在领导农业生产中有效地改组基层社会，深刻地改变农民心理。在多措并举之下，曾严重危害农业生产的农作物病虫害逐步得到控制。比如，在传统中国肆虐千年的蝗虫逐步得到控制。1951年，全国使用52亿元的治蝗经费，第一次动用了飞机治蝗，还将人力捕打蝗虫发挥到极致，防治蝗虫面积达86.7公顷，挽回160亿斤的粮食损失。1952年，消耗220亿元的治蝗经费，综合运用了人工、药械、药粉、飞机等各种手段，防治蝗虫面积近200万公顷，挽回粮食损失约175亿斤。[①]此后，遮天蔽日的蝗灾景象几乎一去不复返，这种巨大的新旧对比和防治成效，无疑极大地震撼了广大农民。有必要指出，相比于轰轰烈烈的互助合作运动，技术改造对农村生产关系的变革显得润物细无声，同时也更加有效地改变农民传统心理，使农民更加乐意接受农业合作化。新中国成立后，党和政府不断推广新技术，由于技术是统一的、无差别的，实质上从技术角度开始将单家独户的农业生产纳入政府管理的轨道。个体农民或自愿或无奈，都被导入政府规定的组织起来的路径之中。新技术的运用和推广所展现出来的巨大生产力，又有效消除了广大干部和农民的疑虑，一点一滴地消释了农民对组织起来的抗拒思想，激起干部和农民对农业合作化的向往。这就为后来大规模的农业生产组织化、农业经营集体化创造了有利条件，同时也是农业合作化后农业增产的重要因素。改良农具与新式农具的推广也

---

① 中华人民共和国国家统计局、中华人民共和国民政部编：《中国灾情报告：1949—1995》，中国统计出版社1995年版，第115、116页。

鲜明地展现了技术改造的巨大作用。

8. 改良农具

农具是衡量农业生产力发展水平的重要标志，也是提高农业生产力的重要因素。随着土地改革的逐步开展，广大农民生产积极性得以激发，迫切需要足够的农具来恢复和发展农业生产。土地改革细分土地、耕牛、农具等，部分农民并没有足够的生产资料维系简单再生产，因此有互助合作的强烈要求。随着国家推动农业合作互助，个体劳动逐渐变为集体劳动。改变缺乏生产工具的现状及更新落后农具，已经成为广大农民的迫切要求。

此时农具有两个明显问题：其一，旧农具严重缺乏。由于连年战争的破坏和农民的穷困，新中国成立初期农具异常缺乏。1950年河南省全省共有旧犁202.56万件，而农户总数有687.99万户，即假设这些旧犁都能用，平均3.4户农户才有1件旧犁。即便新中国成立后大量增补农具，1951年底全国大部分地区还是很缺乏旧农具。灾区、战争破坏严重的地区及部分山区和少数民族地区更是缺乏。河南的黄汛区约缺30%旧农具，西南区约缺45%旧农具，西北、西南的偏僻地区及少数民族地区则不仅缺乏农具，而且农具很落后，有些地区农民还在使用木犁、木耙，云南少数民族地区还存在"刀耕火种"的耕作方法。[①]

其二，新农具粗制滥造，对农民缺乏技术指导。一方面对新式农具重视不够，制造新式农具的技术水平低。当时技术干部缺乏，有些地方却将农具技术干部调往机关从事事务、会计等工作。在设计方面，一些地方设计种类多却不实用，甚至"闭门造车"，制造出来的农具还没现有农具好用。在制造方面，一些地方认为农具形体简单，容易制造，没有重视制造技术，忽视了制造规格，存在大量粗制滥造现象。"新式农具是新的东西，我们缺乏制作它的经验，制造设备也简陋，甚至原料的规格有时也不一样，结果发生了不少困难。"一些地区的农具未经试验合用，就随便大量制造，生产出大量质量低劣的农具。除了质量过低，新式农具成本过高亦是明显问题。"关于农具设计制造方面，由于我们对新式农具的知识不够，技术水平低农村情况不熟悉，设备材料的限制，以及工厂管理的缺乏经验，致使制造的农具成本太高，质量不够标准，或构造不合规格，分配不够及时"。另一方面新式农具示范推广经验不足。有些农具站选择的地点不尽适当，有些工作干部技术掌握不够，或对于这一新工作认识不够。一些

---

① 张林池：《在农具工作会议上的总结报告》（1951年12月），中国社会科学院、中央档案馆编：《1949—1952中华人民共和国经济档案资料选编（农业卷）》，社会科学文献出版社1991年版，第411页。

地方没有从新旧农具的效能比较试验上进行宣传，来提高农民的认识，而是采用强迫命令的方法推广新式农具，[①]这样的推广效果自然不佳，甚至既未了解推广地区的耕作情况和土壤性质，也没有很好地传授技术，难免新式农具无法高效使用。农具使用之后往往会有磨损，新式犁的犁铧、铡草机的刀片都需修配补充，而当时农民初用新式农具，缺乏保养经验，修配问题更加严重。有些农民的新式农具因零件残损、无法修理而只能停用。1950年，农业部分发了17套修配工具给设有农具站的省份，但多无专人管理而大部尚未使用。[②]

新中国成立初期，每年均有增产任务，重点是集中力量提高单位面积产量，"如果不解决生产工具问题，完成这一任务是有困难的"[③]。1949年12月23日，农业部指示修补农具，主要是扶植各地铁器铺、铁匠炉、木匠铺，大量修补与制造各地现有农具，有重点地制造一些新式马拉农具，试办马拉农具站。1951年1月，全国召开第一次农

① 孙景鲁：《稳步地开展农具工作》（1951年2月19日），中国社会科学院、中央档案馆编：《1949—1952中华人民共和国经济档案资料选编（农业卷）》，社会科学文献出版社1991年版，第414—415页。

② 王大明：《一九五一年农具工作总结》（1951年12月23日），中国社会科学院、中央档案馆编：《1949—1952中华人民共和国经济档案资料选编（农业卷）》，社会科学文献出版社1991年版，第419页。

③ 张林池：《在农具工作会议上的总结报告》（1951年12月），中国社会科学院、中央档案馆编：《1949—1952中华人民共和国经济档案资料选编（农业卷）》，社会科学文献出版社1991年版，第411页。

具工作会议，决定1951年以"恢复和修补农民原有农具为主"[①]。1951年春，中南区农林局指示，增补农具工作中，发动群众增补旧式农具为主，有重点地推广新式农具为辅，力争在1951年将所缺乏的旧式农具增补够用，并于已完成土地改革的区域重点设立农具站。1952年全国农具工作的方针是迅速增补旧农具，稳步发展新农具。

新式农具虽然数量少，但是优势突出，增产效果明显。鉴于当时新式农具制造和推广方面出现的种种问题，党和政府对症下药，逐步完善新式农具的设计、制造、销售、推广和售后服务。1951年，中央要求根据中国农村情况，务必使农具的设计切合农民需要。同时在各典型地区建立区域试验站，就地调查有关农具情况，由各设计机关根据需要设计新工具，分发各试验站做检定比较试验。在肯定使用价值后，再做小规模的示范推广。经过示范推广后，确定设计的新式农具适合于当地农民的需要才大量推广。根据当时需要，1951年各地设计研究的重点是犁、中耕器和播种机。[②]

1952年8月25日，农业部在新式农具推广工作座谈会

---

① 王大明：《一九五一年农具工作总结》（1951年12月23日），中国社会科学院、中央档案馆编：《1949—1952中华人民共和国经济档案资料选编（农业卷）》，社会科学文献出版社1991年版，第419页。

② 孙景鲁：《稳步地开展农具工作》（1951年2月19日），中国社会科学院、中央档案馆编：《1949—1952中华人民共和国经济档案资料选编（农业卷）》，社会科学文献出版社1991年版，第409页。

上要求提高农具质量，严格执行检验制度。为了保证质量，农业部制定了更为严格的制造流程。农具制造之前要经批准，制造农具的建厂必须经过省级以上政府批准，未经批准者不得制造。农具制造之后要检验，未经检验者不准出厂。农业部还明确要求合理降低新农具价格，并且规定了一些农具的最高价格。新农具的价格对农民是一个极为重要的问题，降低一两万块钱就能给他们省出二三十斤粮食，因此农业部说明"我们应当为农民着想，而不能只从工业利润着想"。

合理降低新式农具的价格不仅可以减轻农民负担，扩大销售数量，也有利于工厂生产的改进、技术的提高，如果新式农具生产出来却无法推广到农民那里，那所有收益都无从谈起。为此，农业部明确要求依靠职工生产积极性，实行科学管理，降低生产成本，认为这是"降低新农具价格的关键"。除此之外，农业部还规定工业利润、合作社的手续费，规定相关农具的价格，其中规定每部7寸步犁包括包装费在内的出厂价格不超过25万元，8寸步犁、10寸步犁不超过28万元。出厂以后按路程远近，加上运费和合作社手续费等，以北京出品加运费计算，卖到安徽、苏南、苏北、湖南、江西等地的农民手中7寸步犁不能超过30万元，8寸、10寸步犁不能超过34万元。而运输距离近的，则价格应再减少。至于银行贷款增加新农具成本问题，农业部也建议各地尽量使用固定资金和流动资金，省去使用贷款所负担的利息。[①]

为了解决农民资金问题，中央还下发大量农具贷款，要求有计划地、有重点地专款专用。"因为国家贷款有一定限度，不能单纯依靠贷款解决全部问题，各地必须利用贷款作为一种媒介，应大力组织和利用群众中的资本，就地解决资金缺乏问题。"当时各地在解决新式农具的销售问题时也殚精竭虑，不惜提供配套资金支持。银行贷款利息规定月息为一分至一分五，1952年8月25日，农业部指示各地根据具体情况与银行磋商尽量从低。为了调动农民购买新式农具的积极性，东北人民政府还规定可以分期归还银行贷款。"凡通过银行贷款给群众之农具，其价款较高者，如苏式新工具，可延长至两三年分期归还。"[②]

凡是推广新式农具的地区，设立使用新式农具的技术训练班。中央负责统一训练制造、检验和指导使用新式农具的技术人员，各省训练负责推广的技术干部，区、村领导生产的干部和合作社经营农具业务的干部也一并加以训练。在农具未推广到农民手上之前，各地利用集市、庙

---

① 农业部：《新式农具推广工作座谈会总结》（1952年8月25日），中国社会科学院、中央档案馆：《1949—1952中华人民共和国经济档案资料选编（农业卷）》，社会科学文献出版社1991年版，第427—429页。

② 《东北人民政府关于推广新农具的决定》（1950年8月3日），中国社会科学院、中央档案馆：《1949—1952中华人民共和国经济档案资料选编（农业卷）》，社会科学文献出版社1991年版，第407页。

会、展览会、劳模会议、互助组代表会议、学校、训练班等一切机会和场所，进行宣传、展览、实物示范等等。在农具卖到或者贷到农民手上时，把使用技术教给农民，保证农民学会使用。对于销售赶在技术传授之前的地区，采取集体传授技术的方式。当时已经推广出去的步犁，农业部要求各地立即组织技术干部进行检查，补教技术，把因不会使用摆在农民家里的所谓"挂犁"变为"走犁"，因土质不合而不能使用的，则收回转到适合地区推广，尽量修补已损坏的步犁。如果已经有群众学会使用，就号召各地组织党团员、劳动模范、生产积极分子互相传授，通过技术推广委员会、技术小组等，以群众推动群众，把推广工作和技术传授普遍开展起来。

在具体推广方法上，采取典型试用、重点推广的方针。掌握典型、创造经验，结合群众组织，通过劳动模范和积极分子，有重点地开展工作，并主动争取当地领导机关对农具工作的重视和扶持。

各地通过设立农具站、贷给互助组、合作社租购或由个体农民自购等多种方法推广。由于国家贷款有限，中央一方面提高农具贷款额度，另一方面号召各地生产单位推行企业化经营。

农民使用新式农具后，难免会出现一些问题，此时能否做好售后就极为关键。农具推广站大多设立在使用新式农具较多的村庄，附设修理厂，从事修补工作。农具推广站主要围绕各种新式农具开展技术指导，还在农闲期间举办新式农具技术训练班，培养农民中的积极分子，贯彻生产政策，促使农民学会技术，改进生产办法。在技术保障、资金支持、政府引导之下，新式农具在设计、制造、推广、售后等方面得以大大完善，快速推广到各地。

在上级不断宣传号召、技术保障、资金支持和政策优惠等有利条件下，领导高度重视、干部积极执行、农民热烈响应增补农具政策。从1950年到1952年全国持续大量增补旧式农具，逐步解决旧式农具严重缺乏问题。据华北5省的统计，1950年共增补各种耕种和手用农具190.8万件，但是因为底子太薄、需求增长快，依旧普遍严重缺乏农具。1951年全国增补了1200多万件旧式农具，超过原计划20%，这大大改变了旧式农具不足的状况。[①]1951年底，老解放区的小农具已经大致够用，稍缺大农具，而新解放区虽然依旧缺乏，但已不太严重，仅有灾区、山区、战争破坏严重地区和少数民族地区仍然严重缺乏旧式农具。随着1952年继续大力增补旧式农具，到1952年底旧式农具基本已经够用。

---

① 王大明：《一九五一年农具工作总结》（1951年12月23日），中国社会科学院、中央档案馆：《1949—1952中华人民共和国经济档案资料选编（农业卷）》，社会科学文献出版社1991年版，第419页。

增补旧式农具的同时，也不断推广和普及新式农具。1950年，华北、西北、华东、中南等区成立了44个示范推广新式农具站，配发与推广了1.2万多件新式农具。东北区人民政府协助各地互助组成立了39个苏联成套马拉农具试用组，贷出农具3361件，同时重点推广47561台新式农具。西北区自新疆采购苏联新式农具30余种，利用群众的牲口为群众代耕，并利用苏联自拨割麦机进行割麦示范。为了快速发展新式农具及相关专业人才，农业部成立农业机械专科学校，训练了42名专门人才，并举办4期新式农具技术人员训练班，训练了138名学员，派往各省农具站工作。南京大学和沈阳农学院等高校要么扩大了农业工程系，要么成立了农业机械系。1950年，大力推广新式农具，但毕竟尚属首次，出现不少有待完善的问题。1951年，新式农具普及工作在重点示范推广的方针下取得更为辉煌的成绩。1951年，全国各地开展了轰轰烈烈的爱国丰产运动，迫切需要生产工具，新式农具出现供不应求的现象。全国有50多个国营工厂制造了8万多件新式农具。据不完全统计，1951年，全国推广了7.73万件新式农具，农具站从1950年的44个增至88个，推广地区仅关内有480多个县，比1950年扩大了170%多。全国约有10万户使用新式农具，而东北有104个互助组还使用了成套的苏联马拉农具。1952年，全国新式农具推广工作取得了更大的成绩，全国推广27.64万部，其中华北12.26万部、东北3.49万部、华东3.39万部、中南2.53万部、西北5.85万部、西南1341部。同年，主要农业机械也取得重大突破，至年底，全国拥有1307台大中型拖拉机、284台联合收割机、12.8万马力排灌动力机械，实际机耕面积达到204万亩。[①]

党和政府号召广大农民使用新式农具，影响既深且巨，首屈一指的当然是增产。完成农业增产任务，使用新式农具是重要措施。3年来东北地区使用和推广新式农具取得的成绩，"证明了使用新农具是提高农业生产力的最有效的办法"。新式农具可以提高单位面积产量。据6个农业试验场和60多个互助组使用新式农具的总结，使用新式农具的土地平均增产25%左右。

党和政府号召和支持农民使用新式农具，鼓舞了农民的生产情绪和爱国热忱，对之后的经济、社会发展产生了颇为重要的影响。农民使用新式农具，减轻了操作上的劳累，增加了产量，自然切身体会到党和政府对他们的关怀和帮助，这无疑有利于赢得民心支持和巩固政权。

新式农具的大量推广和使用，不仅需要借助互助合作的力量，也推动了互助合作的发展。相比于旧式农具，新式农具价格较贵，农民难以单独购买，更多地依托集体力

---

① 中国社会科学院、中央档案馆编：《1949—1952中华人民共和国经济档案资料选编（农业卷）》，社会科学文献出版社1991年版，第430页。

量。"凡农具设备费较巨大的，如脚踏水车、畜力水车、筒车以及新式农具，如条播器、中耕器、脱粒机等，在条件许可的地区，应发动群众组织力量来设备和管理使用"。[①]各地号召农民组织起来购买农具，而一些互助组也把购买新式农具作为农业增产的重要手段。

新式农具通过互助合作组织得以大力推广，而互助合作组织也因新式农具得到巩固和发展。因为新式农具效能高，能够增产，农民乐意使用，适合于合伙贷用，因此新式农具在巩固和发展农村互助合作组织上起了良好作用。"新式农具因其效能高出活快，另方面又须强壮的畜力才能拉动，较高的价钱才能购买，因此它不适于分散的个体的农民使用，但对组织起来的农业生产合作社或互助组都很适用。因此新式农具大都为组织起来的农民所购用，这样新式农具对于农村合作组织的发展，就起了很大的作用"。[②]新式农具不仅成为单干农民组织起来的主要因素，而且是农村互助组巩固和发展的重要因素。[③]

① 《中南区农林局关于增补农具工作的指示》（1951年春），中国社会科学院、中央档案馆编：《1949—1952中华人民共和国经济档案资料选编（农业卷）》，社会科学文献出版社1991年版，第410—411页。

② 王大明：《一九五一年农具工作总结》（1951年12月23日），中国社会科学院、中央档案馆编：《1949—1952中华人民共和国经济档案资料选编（农业卷）》，社会科学文献出版社1991年版，第417页。

③ 杨懋武：《新式农具与爱国主义丰产运动》（1951年12月10日），中国社会科学院、中央档案馆编：《1949—1952中华人民共和国经济档案资料选编（农业卷）》，社会科学文献出版社1991年版，第433页。

事实上，党和政府也深知新式农具已成为发展和巩固互助合作组织的重要因素，并有意识地借此推进农业合作化和农业机械化。及至1952年8月，全国互助组已有600余万组，农业生产合作社3000多个，组织起来的农户约占全国总农户的40%左右。农业部明确说明"新农具推广工作必须和互助合作的发展相适应"，"当全国土地改革已经完成，封建的土地制度已被废除，广大农民逐步组织起来，由个体劳动逐渐转为集体劳动，即生产关系发生了根本变化以后，改进生产工具，就成为广大农民的迫切要求了"①。为了适应购买、使用新式农具的需要，各地组织化程度不断提高。

在组织化程度不断提高的同时，各地也不断进行生产方式的教育，努力推进农业合作化和农业机械化。在推广、使用新式农具过程中，各级领导机关也不断抓紧典型，做好示范和推广站工作，组织农民参观，使他们突破"思想保守"和"不懂技术"的障碍，认识到新式农具的优越性。各地不断完善推广和使用新式农具的方法，一方面结合改进耕作法，另一方面对农民和基层干部不断进行生产方向的教育、政治教育和技术训练。在此过程中，

---

① 农业部：《新式农具推广工作座谈会总结》（1952年8月25日），中国社会科学院、中央档案馆编：《1949—1952中华人民共和国经济档案资料选编（农业卷）》，社会科学文献出版社1991年版，第424页。

各地不仅要改变传统农事耕作方法，完成农业增产任务，更要改变干部和农民的心理，使农民和干部"认清使用新农具是为今后生产机械化、集体化准备基础"①，努力推进农业合作化和农业机械化，为即将到来的农业社会主义改造和第一个五年计划的实施奠定良好的基础。

---

① 张克威：《使用新农具是增加农业生产的重要因素》（1952年7月29日），中国社会科学院、中央档案馆编：《1949—1952中华人民共和国经济档案资料选编（农业卷）》，社会科学文献出版社1991年版，第438页。

第三章 增产如何：农业增产的具体情况

农业生产深受政策、科技和投入的影响。新中国成立初期，党和政府多措并举，积极制定农业增产政策，加大农业投入，广泛推广先进的农业科学技术，充分调动农民的生产积极性，取得了显著的农业增产成效。以下从种植业、畜牧业、林业和渔业4方面论述具体的增产情况。

一、种植业丰收

1. 粮食作物

"粮食问题是农业体系中的主要环节，是最后解决其他所有问题的关键。"农业是国民经济的基础，粮食是基础中的基础。中国的粮食概念有广义和狭义之分，狭义的粮食主要指谷物类，相当于英文Grain，囊括稻谷类、麦类、高粱和玉米等。国际通行的粮食概念，是由联合国粮农组织提出的"谷物"一词，基本是指小麦、稻谷、玉米、大麦和高粱。这与中国狭义的粮食概念基本一致。而中国流行的更多是广义的粮食概念，涵盖谷物类、豆类、薯类。①新中国成立初期，中国的粮食主要是指稻谷、小麦、玉米、高粱、谷子、薯类和大豆。

新中国成立初期，粮食增产取得重大成绩。1949年、1950年、1951年、1952年的粮食总产量分别为2263.6亿斤、2642.5亿斤、2873.7亿斤、3278.3亿斤。②1950年到1952年的粮食总产量逐年增加，平均每年增加率为15%，其中1950年比1949年增加17.3%，1951年比1950年增加10.2%，1952年比1951年增加21.2%。各个粮食种类的增长数量和增长幅度不一。其中稻谷是全国产量最大的粮食种类，也是绝对数量增长最多的粮食种类。从1949年到1952年，稻谷总产量分别是972.9亿斤、1102亿斤、1211.1亿斤、1368.5亿斤。1952年稻谷总产量比1949年增长395.6亿斤，增长幅度高达40.66%，同比历史最高产量还增长了19.4%。小麦是全国产量第二的粮食种类，也是到1952年未超过历史最高产量的唯一粮食种类。从1949年到1952

① 这种广义的粮食概念来源于粮食统计。新中国成立初期，人均谷物产量很低，难以满足人们的基本生活需求，因此在粮食统计中，不仅有传统的谷物类，还包括豆类和薯类，以确保低水平的"粮食安全"。张淑萍：《我国粮食增产与农民增收协同的制度研究》，中国财政经济出版社2013年版，第26页。

② 粮食总产量的数据并不完全一致。此处的数据来源于国家统计局。中国社会科学院、中央档案馆：《1949—1952中华人民共和国经济档案资料选编（农业卷）》，社会科学文献出版社1991年版，第572页。

年，小麦的总产量分别是276.2亿斤、289.9亿斤、344.6亿斤、362.5亿斤。1952年小麦总产量同比1949年增长86.3亿斤，增长幅度是31.25%，达到日本全面侵华之前小麦产量的98.9%，单位面积产量达到历史最高年份的83.2%。

1952年，玉米、高粱、谷子的总产量分别达到337亿斤、221.9亿斤、230.6亿斤，其中玉米是历史上最高年份产量的166.8%，成为增长幅度最大的粮食种类。大豆作为当时重要的出口物资，1949年到1952年总产量分别是101.7亿斤、148.7亿斤、172.6亿斤、190.4亿斤。1952年，大豆总产量同比1949年增长了88.7亿斤，增长幅度达87.2%。日本全面侵华以来各类粮食作物的产量大幅下降，1949年粮食作物产量普遍低于历史最高产量，薯类作物是唯一的例外。因为种植适应地区广、产量高，适合救灾渡荒和饲料所需，1949年薯类总产量已是历史最高产量的104.9%。新中国成立后薯类总产量继续迅速增加，1949年到1952年的总产量（折合当时的粮食计算标准）分别是196.9亿斤、247.8亿斤、280亿斤、326.5亿斤。1952年薯类的总产量比1949年增长129.6亿斤，增幅达65.8%。[①]

从上述数据分析可知，新中国成立初期全国的粮食作物，稻谷、小麦、玉米、高粱、谷子、薯类和大豆无一例

---

① 吴承明、董志凯主编：《中华人民共和国经济史（1949～1952）》，社会科学文献出版社2010年版，第386页。

外，全部大幅增产。粮食增产是领导高度重视、干部执行政策、农民积极生产、爱国增产运动的综合产物，具体反映在技术进步、投入要素增加与粮食生产组织的革新上，即粮食生产要素供给的增加、农业技术的进步、生产组织的变革、流通体制的畅通、粮食政策的激励。生产要素供给的增加、农业技术的进步和生产组织的变革是粮食生产力水平的决定性因素，而流通体制的畅通和粮食政策的激励，刺激了农民增产的积极性，引导农民加大各项投入，最终实现粮食增产。[①]

新中国成立初期粮食增产的前提是解放战争的胜利，迎来了和平建设和战后恢复的契机。鸦片战争以来，中国历经百年战乱，新中国成立后大陆的战争状态基本结束，秩序逐渐恢复和稳定，绝大部分地区解除了战争勤务，农民终于获得粮食生产所需的和平环境。这就为农民精耕细作、发家致富提供了客观条件。有人认为1950年粮棉之所以丰收，"革命的胜利，便是全国丰收最先的与最重要的条件"[②]。新中国成立后，城乡隔绝状态逐步打破，城乡交流日益活跃，粮食流通的障碍不断清除，这都刺激了粮

---

① 张淑萍：《我国粮食增产与农民增收协同的制度研究》，中国财政经济出版社2013年版，第26页。

② 石础：《粮棉丰收的原因及其意义》（1950年10月），中国社会科学院、中央档案馆编：《1949—1952中华人民共和国经济档案资料选编（农业卷）》，社会科学文献出版社1991年版，第560页。

食增产。

　　领导重视是粮食增产的重要原因。新中国成立初期，党和政府每年都下发粮食增产指标和农业生产指示。政府对农业生产的重视、领导与扶持，被认为是丰收的决定性因素。1950年初，中央人民政府与各级人民政府几乎以压倒一切的力量，在老区、新区和灾区通过各种措施，有计划、有步骤地贯彻扶助农民、奖励生产的政策。各级政府事前纷纷定出计划，抓紧农业生产的每一个环节，通过兴修水利，贷放种子、肥料、农药，防治病虫害，规定谁种谁收以及合理的工农业产品交换比价等办法，号召农民早耕、早播，多上肥料，多铲多蹚，特别是提倡组织起来实行劳动互助，动员妇女参加劳动，解决农民在生产过程中所遇到的实际困难，保证农业生产顺利进行。国家投入大量农业贷款，严格规定用于粮食生产，加之不断增加的粮食增产任务和日益完善的粮食增产政策，都激励全国农民积极增产。

　　政策对粮食增产的影响是显而易见的。从1950年到1952年的粮食同比前年的增产幅度中，1951年粮食总产量的增长幅度最小，仅有10.2%，低于1950年的17.3%，也低于1952年的21.2%，这与当时大力发展工业原料作物的政策紧密相关。1951年，各地大力扩展棉、麻、烤烟等工业原料作物，农业机构自然重点领导工业原料作物的生

产，这直接导致粮食作物播种面积增加比率相对降低。有
鉴于此，1952年，国家规定："集中力量提高单位面积产
额，粮食必须大量增产，决不能减少其播种面积；工业原
料作物和外销作物播种面积应稳定在1951年的水平上，不
予增加。"①当年粮食总产量的增长幅度迅速拉升，超额
完成了粮食增产任务。

积极生产的农民无疑是实现粮食增产的关键主体。新
中国成立后，广大农民积极生产，为解决温饱问题不断努
力。结合抗美援朝，1951年全国掀起爱国丰产运动，以运
动方式激励广大农民为国增产。在政府的领导与帮助下，
全国涌现出众多劳动模范。这些劳动模范不但在生产中起
带头与骨干作用，而且他们的增产经验向全国各地推广
后，提高了农民的生产水平，调动了他们的生产积极性。
从1950年到1952年，全国创造了许多粮食丰产纪录。山西
平顺县郭玉恩农业生产合作社创造了玉米每亩产量1581斤
的纪录，山西武乡县王锦云农业生产合作社创造了谷子每
亩产量1457斤的纪录。②

从具体的生产要素而言，新中国成立初期粮食增产与

① 农业部农业计划司计划科：《三年来粮食生产恢复与发展情况的分析》
（1953年2月25日），中国社会科学院、中央档案馆编：《1949—1952中华人民共
和国经济档案资料选编（农业卷）》，社会科学文献出版社1991年版，第566页。
② 农业部农业计划司计划科：《三年来粮食生产恢复与发展情况的分析》
（1953年2月25日），中国社会科学院、中央档案馆编：《1949—1952中华人民共
和国经济档案资料选编（农业卷）》，社会科学文献出版社1991年版，第569页。

农具的增补、施肥量的增加紧密相关。新中国成立初期，全国增补各种农具，提高了农具质量。新式农具的推广，节省了人力、畜力，提高了耕作水平，有效实现了增产。3年来全国共推广25.05万件新式农具，其中大部分用于粮食生产。施肥量的增加是粮食增产的主要因素之一。3年来全国增加了15%的施肥面积，增加了30%的施肥量，其中粮食作物占比较大。细肥的使用量也逐年增加。全国油饼的使用量已由1949年的327万吨增至1952年的555万吨。同期化学肥料的使用量由11.9万吨增至35万吨，其中半数以上用于粮食生产。除此之外，积肥方法与土肥质量亦大有改善。各地开始注意合理的施肥方法，部分地区亦初步做到分期施肥、看田施肥和根据作物种类施肥，最大限度地实现肥料增产的效果。

从农业技术的进步而言，新中国成立初期的粮食增产得益于耕作技术的改良、优良品种的推广。经过3年不断地学习、推广苏联经验和各地劳动模范的丰产技术，加之耕畜的逐步恢复，1952年粮食作物已基本做到耕二耙四，先进地区达到耕三耙六，秋耕深耕的面积逐年扩大，耕作技术不断提高。如湖南省李呈桂的多施肥、分期施肥和合理灌溉，小麦丰产模范陕西省史安福所实行的深耕、密播和合理灌溉等方法，都在适当地区普遍推广，推动各地不断创造丰产纪录，激励各地争取丰产的高潮。"母壮子肥，种好苗旺""龙生龙，凤生凤，好种才有好收成""留好种子田，年年夺丰产""良种更换一遍，每亩多收一担"，这些耳熟能详的农业谚语充分说明：农民洞悉优良品种对农业增产的重要性。新中国成立初期，全国大力推广优良品种，在"就地选种，就地推广"的原则下开展了选种评比运动。至1952年底，老解放区和新解放区分别有30%、15%的农户选用良种，而选用良种的农户普遍可以增产10%。

从生产组织的变革来看，新中国成立初期的粮食增产与互助合作组织的发展密不可分。土地改革以后，个体农民在开展农业生产方面出现不少问题，比如无法抵御自然灾害，没有足够的生产工具等。互助合作可以适当解决部分问题。3年来全国普遍开展了互助合作运动，1950年到1952年，全国组织起来的农户从10%猛增到40%。这些组织起来的农户不仅内部互助合作，而且制订生产计划，参加爱国丰产运动。1952年，有220多万个互助组与农业生产合作社参加了爱国丰产挑战比赛。黑龙江省有6万余个互助组，其中5万余个互助组制订了丰产计划。相比于个体农民，组织起来的农户能更有效地开展农田水利建设和防治病虫害运动，进而实现粮食稳产、高产、增产。在农田水利建设方面，3年来各地大力兴修水利，并在灌溉管理方面推行民主改革运动，逐步实现合理用水，发挥了现

有水利灌溉设施的增产潜力。全国扩大灌溉面积近333万
公顷，其中约有90%用于粮食生产。据当时估计，一般旱
地改为水田、水浇地，平均每公顷可增产1200斤。如此
可知，这些扩大的灌溉面积可增产粮食200万吨。此外，
1200多万公顷的粮食作物面积由于增加或改善水的供给，
可抵抗旱灾而保证丰收。在防治病虫害方面，由于药械供
应的增加和防治技术的提高，很多病虫害得以及时扑灭或
减少危害面积。若没有采取这些措施，1950年、1951年、
1952年病虫害造成的损失预计高到75万吨、800万吨、
1015万吨。[①]

　　新中国成立初期的粮食增产是综合作用的产物，除了
上述因素之外，还有开垦荒地等其他因素。组织起来互助
合作和新式农具的投入都有利于开垦荒地，这一点国营农
场表现尤为明显。大力开垦荒地和开展农田水利建设都有
利于粮食播种面积的不断增加。粮食播种面积的不断增加
是粮食增产的重要保障。1949年、1950年、1951年、1952
年粮食播种面积分别是164938万亩、171609万亩、176653
万亩、185968万亩。1952年粮食播种面积比1949年增加
21030万亩，增长幅度是12.75%。其中1949年至1952年稻

---

　　① 农业部农业计划司计划科：《三年来粮食生产恢复与发展情况的分析》
（1953年2月25日），中国社会科学院、中央档案馆编：《1949—1952中华人民共
和国经济档案资料选编（农业卷）》，社会科学文献出版社1991年版，第566页。

谷的播种面积是最大的，分别是38563万亩、39224万亩、40400万亩、42573万亩，小麦仅次于稻谷，分别是32273万亩、34200万亩、34582万亩、37170万亩。大豆再次之，分别是12478万亩、14403万亩、16201万亩、17519万亩。薯类反倒是1952年播种面积最小的粮食种类，总共播种了13032万亩，但也比1949年增加2516万亩。

在粮食播种面积不断增加的情况下，当时强调集中力量提高单位面积产量。[1]1949年至1952年全国粮食亩产量不断增加，从137斤、154斤、163斤增加到176斤。1952年全国粮食亩产量比1949年增加39斤，增幅是28.47%。其中稻谷是亩产量最高的粮食作物，1949年到1952年的亩产量分别是252斤、281斤、300斤、322斤。薯类亩产量仅次于稻谷，1949年到1952年的亩产量分别是187斤、215斤、225斤、251斤。在当时的粮食作物中，小麦是亩产量最低的，1949年到1952年的亩产量分别是86斤、85斤、100斤、98斤。大豆亩产量倒数第二低，1949年到1952年的亩产量分别是82斤、103斤、107斤、109斤。[2]

从中可以看出，1949年至1952年全国粮食播种面积

① 农业部农业计划司计划科：《三年来粮食生产恢复与发展情况的分析》（1953年2月25日），中国社会科学院、中央档案馆编：《1949—1952中华人民共和国经济档案资料选编（农业卷）》，社会科学文献出版社1991年版，第566页。

② 农业部农业计划司计划科：《三年来粮食生产恢复与发展情况的分析》（1953年2月25日），中国社会科学院、中央档案馆编：《1949—1952中华人民共和国经济档案资料选编（农业卷）》，社会科学文献出版社1991年版，第571页。

和亩产量都不断增加，每种粮食作物产量也稳步增加。全国粮食总产量是粮食播种面积乘以粮食亩产量的数据，自然也是不断增加。1952年，全国粮食总产量已达到3278.3亿斤。新中国成立初期的粮食总产量不仅不断增加，而且1950年和1952年还超过原订增产计划。1950年全国粮食实际总产量超过原订增产计划59亿斤。[①]

2. 棉花

棉花是解决民众温饱问题的重要经济作物，同时也是纺织工业的重要原材料。棉花产量不仅攸关农业产量和农民生活，而且还会深深影响工业产能和工人就业。1950年，全国共约有520万枚纱锭，但实际开工数仅约430万枚，主要原因就是棉花产量不足。每枚纱锭平均全年用棉量，以日夜两班制计算约为250斤，400万枚纱锭需要供应原棉1000万担，而1949年棉花总产量只有900万担，还要除去40%左右民间土纺和胎絮所需，即意味着只有60%左右的棉花产量用于棉纺工业，棉纺工业原料不足，自然开工不足、工人失业。上海是中国棉纺工业的中心，深受影响。1950年，中华总工会号召援助上海10万失业工人。

这些工人失业的主要原因之一就是纱厂缺乏原棉。原来日夜开工的纱厂，因缺棉降低到一星期开工四日五夜、三日四夜，甚至个别纱厂开始停工。解放战争期间，国内棉花产量也严重不足，为此大量进口棉花，棉纺工业的原棉一直以进口为主。新中国成立后，国外封锁、进口不畅，中国奉行工业领导农业、尽快实现工业化的方针，不能将大量外汇用于进口棉花，此时的棉花缺口就急需国内增产来填补。

党和政府高度重视棉花增产，并将棉花增产放在极为重要的地位。各级政府和党组织每年都动员大批干部深入农村，组织动员棉农按照国家计划完成植棉任务。从1949年12月开始，全国农业生产会议和各级人民政府召开的一系列经济会议、棉农会议等，都在制定和落实各地的棉花增产指标。增产棉花是1950年全国农业生产的中心任务，具体指标是增产皮棉477万担，需要植棉5000万亩，产皮棉1328万担。

领导重视棉花增产任务，"人民政府各级干部对植棉工作的充分重视，当棉花播种的时候，都把它当作压倒一切的任务"。不少地区成立植棉指挥部或联合办公室。1951年春天，仅河北一省下乡干部即有1.5万余人，这些干部投入突击植棉运动。中南区农林部及湖北省农林厅曾组织70多名技术干部组成的植棉工作队，分赴各地指导推广种植棉花。华北山东部分专区县级干部，在下乡指导植棉之前，加紧学习技术，甚至举行考试检查，在下乡后又利用电话汇集情况，交流经验。

党员、团员带头增产棉花。棉区的许多党员、团员响应党的号召，带头增产棉花，并提出"多产爱国棉，集体售棉、保证工厂开工"的口号。各地报纸配合植棉工作，重点报道，大力鼓动增产棉花。伴随着抗美援朝运动在国内轰轰烈烈展开，各地提出"爱国发家，多种棉花"的口号，在广大农村营造出一种以增产棉花、把棉花卖给国家为无上光荣的氛围。劳动模范和生产能手们更是订计划、下挑战书，掀起爱国植棉的高潮。

各地宣传动员，领导高度重视，党员和团员带头增产棉花，这些都有助于改变农民心理，调动农民增产棉花的积极性。不过，农民务实，担忧种棉有风险，"棉花是一种最需要精耕细作的庄稼，耗工大，产量低"。1950年最初计划生产13亿斤皮棉，这在当时需要栽满5000多万亩棉田，投下6亿多人工，以整个棉作栽培180天计算，需要近三千三四百万个年轻力壮的劳动农民，起早贪黑从4月初一直干到10月底，还要风调雨顺，没有大灾害。[①]

---

① 华恕：《为什么今年棉花能够丰收？》（1950年10月27日），中国社会科学院、中央档案馆编：《1949—1952中华人民共和国经济档案资料选编（农业卷）》，社会科学文献出版社1991年版，第575页。

　　为了打消农民顾虑，政府制定奖励植棉的政策，尤其保证棉粮比价的政策。"政府保证棉粮比价（种棉比种粮有利）优棉优价，是保证棉花增产的重要关键。"1949年，华北区保证1斤八分之七寸中级皮棉换8斤小米。由于其他地区棉粮比价波动大，农民生产棉花尚存顾虑，因而影响棉花增产。为了保证1950年棉花增产任务的完成，1950年4月11日，中财委发布关于保证棉粮比价的通告：华北及山东主要棉产区每斤八分之七寸皮棉换粮数是小米8斤，河南及陕西等主要棉产区是小麦7斤，长江流域各主要棉产区是大米6.5斤，其他地区由大行政区人民政府或财委拟定。上述比价是产地全年的平均价格，要求各地在一般情况下不得低于以上比价。为了充分保证种棉农民的利益，激励农民积极增产棉花，中财委还规定在财政征收上，产棉区可照上述比价以棉花抵交公粮，明确规定"如市价高于比价，则依市价作征收标准"①。

　　最终，1950年全国棉花生产按计划完成增产任务，有力地保证了纺织原料、民用供给，也增加了农民收入。1950年，棉花的播种面积是5679万亩，每亩产量是24斤，总产量是1384.9万担，同比1949年分别增长了36.68%、

---

　　① 中财委：《关于保证棉麻与粮食合理比价的通告》（1950年4月11日），中国社会科学院、中央档案馆编：《1949—1952中华人民共和国经济档案资料选编（农业卷）》，社会科学文献出版社1991年版，第573页。

9.09%、55.82%。[①]

　　为了最大限度地激励农民种棉，进而完成1951年棉花增产任务，1951年3月7日，中财委再次发布关于保证棉粮比价的指示，提高了棉花价格，具体是：河北、平原、山东每斤八分之七寸中级皮棉可换8.5斤小米，山西可换9斤小米，陕西、河南可换8斤小麦，湖北可换8.5斤中熟米（相当于籼稻二级米），苏北、苏南、皖北、皖南、浙江可换8.5斤中籼米，西南、湖南、江西自行规定，东北也自行规定，并可依照去年比价适当提高。上述比价是保证农民实际所得的最低价格，亦即农民在农村集市或当地合作社所出卖的价格，不论任何季节，均应保持上述比价。除此之外，中央同样给予财政征收的优惠，贯彻棉田、粮田同等负担以及棉田以棉花抵交公粮的政策。为了激励农民增产优质棉花，中央还实行"优级优价，低级低价"的政策，提高分级检验技术，公平合理地按级给价，严禁压级压价。

　　为了保证棉价的贯彻落实，中央人民政府贸易部统一掌握并负责保证棉粮比价的贯彻执行，同时指示合作社积极与农民订立合同。"订立合同是保证棉粮比价的有效办法，合作社应把这一工作作为贯串（原文如此——笔者

---

　　① 中国社会科学院、中央档案馆编：《1949—1952中华人民共和国经济档案资料选编（农业卷）》，社会科学文献出版社1991年版，第590页。

注）全年的工作。"在国营贸易公司协助下，中财委要求合作社广泛开展预购、赊购的合同运动，力争条件比较好的地区在新棉上市前订立半数以上的棉花收购合同。各级农业部门也需协助动员农民进行订立合同运动。而在贸易部门和合作社力量不足的地区，中财委要求各级政府必须协助贸易公司及合作社用一切办法，保证上述比价的贯彻执行。[①]

在优惠的政策激励下，1951年棉花获得大丰收。从1950年到1951年全国有计划、有领导、大规模地扩大棉田面积，1951年棉花总产量超过了历史最高年产量的33%。1951年棉花播种面积达8227万亩，比1950年增加了2548万亩，增幅达44.87%。1951年棉花播种面积的增幅比1950年还大。1951年棉花总产量是2061.1万担，比1950年增加676.2万担，增幅48.83%。相比于棉花播种面积的增幅，1951年棉花总产量的增幅却低于1950年。这主要是因为1951年棉花的亩产量不甚理想，仅比1950年增加了1斤。[②]而棉花播种面积的过快增加容易挤占粮食的播种面积，这不利于粮食的增产。有鉴于此，1952年，农业部指示稳定

① 《中财委关于保证棉粮比价的指示》（1951年3月7日），中国社会科学院、中央档案馆编：《1949—1952中华人民共和国经济档案资料选编（农业卷）》，社会科学文献出版社1991年版，第584页。

② 中国社会科学院、中央档案馆编：《1949—1952中华人民共和国经济档案资料选编（农业卷）》，社会科学文献出版社1991年版，第590页。

棉花的播种面积，集中力量提高单位面积产量。应该说，此前各地也不断提高单位面积产量，但侧重扩大棉田种植面积，1952年则是前所未有地强调提高单位面积产量。

各地不断通过加大农业科技投入、增加肥料供应、进行农田水利建设、防治病虫害、推广优良品种和新式农具等提高棉花的产量。各地大量供应棉区新式农具、饼肥和化学肥料。在新式农具方面，棉农使用旧犁耕地3寸至4寸深，而使用新式犁可耕地4寸至6寸深。在肥料方面，棉田全部施用了草粪，还有63%的棉田施用了饼肥和化学肥料。肥料的逐年增加，改变了此前棉田不施肥的现象。在防治病虫害方面，3年来全国供应棉花喷雾器等农业机械78万余架，1952年占主要部分。1952年春，仅仅防治棉虫用药一项，政府就投资了2000亿元。在农田水利建设方面，国家用了极大力量开辟新渠道、打井、贷放水车，以增加棉田灌溉面积。灌溉棉田增产显著，可使单位面积产量比旱田增产1倍以上。3年来，河北省、山西省、陕西省的灌溉面积已达棉田面积的1/4，1952年平原省仅引黄济卫渠道一项，即可灌溉棉田20万亩以上。在耕作技术上，全国大部农田进行冬耕、深耕，变撒播为条播，普遍推广增肥、密植、整枝、集中施肥、分期施肥等先进技术经验。大部棉区的棉株都逐渐加密，1952年，山西运城专区由过去每亩2000余株增加到3000余株。部分国营农场采用大面积的草田轮作制，还采用农机具从事耕地播种到中耕各个环节的劳作。在优良品种推广上，全国推广10个丰产棉种。国家为了收轧推广优良品种，在棉区设立62个良种轧花厂，并普遍进行了选种运动。从1949年的10.7%、1950年的19%、1951年的28%，1952年优良品种面积占棉田总面积的比重直接暴涨到50%。①

在多措并举之下，加之"人努力，天帮忙"，1952年风调雨顺，棉花取得丰收。1952年棉花播种面积8364万亩，比1949年增加4209万亩，同比增长101.3%；棉花亩产量是31斤，比1949年增加9斤，同比增长40.91%；棉花总产量达到2607.7万担，比1949年增加1718.9万担，同比增长193.4%，是历史最高年产量的153.6%。②

3. 麻类作物

麻类作物增产迅猛。麻类作物包括黄红麻、苎麻、青麻等。这些粗纤维麻类是当时机织麻袋的原料。由于原料缺乏，新中国成立以前一直从国外进口麻袋。有鉴于此，

① 农业部：《三年来新中国棉花生产的伟大成就》（1952年10月25日），中国社会科学院、中央档案馆编：《1949—1952中华人民共和国经济档案资料选编（农业卷）》，社会科学文献出版社1991年版，第589—590页。

② 中国社会科学院、中央档案馆编：《1949—1952中华人民共和国经济档案资料选编（农业卷）》，社会科学文献出版社1991年版，第590页；吴承明、董志凯主编：《中华人民共和国经济史（1949～1952）》，社会科学文献出版社2010年版，第387页。

1950年，中央号召扩大工业原料作物播种面积，并制定了麻粮比价，以保证麻农利益和增产任务的完成。1950年4月11日，中财委规定每斤中等华北青麻（麻皮长7尺）可换小米2斤，而黄麻及其他麻类可参照这一比价各省区自行拟定。为了鼓励麻农种植麻类作物，中央几乎给予麻农与棉农一样的优惠政策。在财政征收上，麻在较集中产地可抵交公粮，"如市价高于比价，则依市价作征收标准"[①]。1950年，麻类作物丰产，黄红麻播种了73万亩，比1949年的43万亩增加30万亩，增幅69.77%；亩产量达到217斤，同比1949年增加44斤，增幅25.43%。1950年黄红麻的总产量是157.6万担，比1949年增加83.9万担，增幅113.84%。

应该说1950年麻类增产迅猛，但依旧满足不了全国麻袋生产加工的需求，麻袋仍然要从国外进口。有鉴于此，1951年国家提高了麻类增产指标，再次提高麻粮比价，以鼓励农民种麻，增加麻类产量。1951年，全国农业工作会议决定在1950年基础上，增加77.3%全国粗纤维麻袋用麻的产量。1951年3月17日，中财委发布关于麻粮比价的规定：华东区每担生黄麻换大米8斗，河北、平原、山东、

---

① 中财委：《关于保证棉麻与粮食合理比价的通告》（1950年4月11日），中国社会科学院、中央档案馆编：《1949—1952中华人民共和国经济档案资料选编（农业卷）》，社会科学文献出版社1991年版，第573页。

河南4省每斤中等精洗洋麻换小米3.5斤，每斤中等精洗青麻换小米2.5斤，东北、中南、西南区各省自行规定。①

为了实现麻类增产任务，全国重视组织领导和经济扶持，运用价格政策调节麻类生产。1950年，江苏、浙江两省的麻价调整为每担换八斗米，这已比新中国成立前增加了一倍。而到1951年，个别地区麻价调整为每担换一担二斗米，麻价"提得过高，引起了盲目生产"②。1951年，黄麻的播种面积迅速增至266万亩，比1950年的73万亩增加了193万亩，增幅是264.38%。1951年黄麻的总产量达到499.4万担，比1950年的157.6万担增加了341.8万担，增幅达216.88%。显然，1951年黄麻的播种面积和总产量都突飞猛进，但亩产量却降低到了188斤，比1950年减少了29斤，降幅是13.36%。麻类作物播种面积的迅速增加挤占了粮食作物的播种面积，但亩产量的降低急需改变。

1952年，国家鼓励麻区农民积极参加互助合作，精耕细作，采用先进技术，发挥集体力量，战胜自然灾害，开展增产运动。各地不断改进技术提高单位面积产量，具体采取合理施肥、选育优良品种、防治病虫害、将撒播稀植

① 中财委：《关于麻粮比价、解决收购与粮食肥料供应问题的规定》（1951年3月17日），中国社会科学院、中央档案馆编：《1949—1952中华人民共和国经济档案资料选编（农业卷）》，社会科学文献出版社1991年版，第594页。

② 华东行政委员会农村水利局：《华东农业生产概况（1949至1954年）》（1954年11月），中国社会科学院、中央档案馆编：《1949—1952中华人民共和国经济档案资料选编（农业卷）》，社会科学文献出版社1991年版，第601页。

改为条播密植等方法。1952年，黄红麻播种面积降低到237万亩，而亩产量增加到258斤，总产量达到611万担，是1949年总产量的8.29倍。[①]1952年，黄麻产量一改过去短缺的情况，反而超过国内所需，"只有将剩下的黄麻组织出口"。1952年10月23日，中财委决定收购除民用之外的所有黄、洋麻，"以示对农民负责"，但"收购价格须比往年为低"，青麻则由农民自找出路。中财委指示，此后在价格政策上应采取限制生产的方针，适当降低此后产量，控制麻袋麻的生产数字。[②]

从1949年麻类作物严重短缺、急需进口到1952年麻类作物超额增产、组织出口，新中国成立初期麻类作物增产之快由此可见一斑。

4. 蚕茧业、茶叶、烤烟、橡胶业、水果、油料等其他种植业

蚕茧业、茶叶、橡胶业等其他种植业作物是新中国成立初期国家重要的外销物资。这些种植业的增产有利于扩大出口，换取外汇，购买工业化所需的工业设备。这是实

---

① 中国社会科学院、中央档案馆编：《1949—1952中华人民共和国经济档案资料选编（农业卷）》，社会科学文献出版社1991年版，第602页。

② 中财委：《关于1952年黄、洋、青麻收购问题的决定》（1952年10月23日），中国社会科学院、中央档案馆编：《1949—1952中华人民共和国经济档案资料选编（农业卷）》，社会科学文献出版社1991年版，第598页。

践工业领导农业执政方针的重要组成部分。中财委农业计划处指出，"价格政策对刺激生产改良品质起着决定作用"①。为了完成这些种植业的增产任务，当时已经认识到重点工作所在，"经验证明最首要的工作是保证销路与保证合理价格"②，"价格政策是保证商品作物完成生产计划的中心关键"③。中央有意识地根据不同农作物的产量需求而调整价格政策，同时因地制宜布局各种农作物的生产，基本采取了如下措施实现增产：提供生产贷款，制定比价收购政策，加强互助合作组织，推广科学技术，改进耕作方法，普及丰产经验，开展病虫害防治运动，通过合作社组织外销等。

蚕茧业遵循"大力维持，稳步恢复"的方针，基本维持了桑园种植面积，却有效地恢复了蚕茧丝的产量，改善了质量。政府针对新中国成立以前蚕种业萎缩和混乱状态，首先取缔了种贩和私制劣种，实施蚕种的计划生产、计划配发、取消牌号、统一运销；其次由国营场所统一生

---

① 中财委农业计划处：《1952年蚕丝生产计划资料》（1951年），中国社会科学院、中央档案馆编：《1949—1952中华人民共和国经济档案资料选编（农业卷）》，社会科学文献出版社1991年版，第611页。

② 张广居、殷彭福：《怎样增加烤烟生产》（1950年），中国社会科学院、中央档案馆编：《1949—1952中华人民共和国经济档案资料选编（农业卷）》，社会科学文献出版社1991年版，第643页。

③ 《中国茶叶公司关于一九五二年购制工作的指示》（1952年4月），中国社会科学院、中央档案馆编：《1949—1952中华人民共和国经济档案资料选编（农业卷）》，社会科学文献出版社1991年版，第634页。

产蚕种，提高蚕种的质量。同时，各地增施肥料，加强桑田耕耘，积极消灭病虫害，有效地增加了桑叶产量。1949年到1952年，桑园的面积基本维持在300万亩左右，分别是298万亩、303万亩、303万亩、301.6万亩，桑蚕茧的产量快速增加，分别达到61.8万担、67.4万担、94万担、124.5万担，柞蚕茧产量增幅更大，分别达到23.8万担、50.3万担、53.1万担、122.1万担。[①]

茶叶生产重点是增产红茶，提高品质，奖励机器制茶，力图降低成本、扩大外销。1949年，茶叶会议决定成立国营中国茶叶公司，直接隶属中央贸易部和农业部。中国茶叶公司委托合作社代办收购业务，给予业务和技术支持，积极推动茶叶生产从小农经营逐步走向集体经营，从手工迈向机械化。1949年到1952年，茶叶生产稳步发展，茶园面积分别达到232万亩、254万亩、281万亩、336万亩，茶叶产量分别达到82.1万担、130.4万担、157.4万担、164.8万担。[②]

烤烟生产整体增产较快，但有较大的起伏。1950年是维持卷烟原料的自给自足，保持1949年的烤烟播种面积，争取提高单位面积产量。1950年的烤烟播种面积是92万

---

① 中国社会科学院、中央档案馆编：《1949—1952中华人民共和国经济档案资料选编（农业卷）》，社会科学文献出版社1991年版，第617页。

② 中国社会科学院、中央档案馆编：《1949—1952中华人民共和国经济档案资料选编（农业卷）》，社会科学文献出版社1991年版，第637页。

亩，仅比1949年的91万亩略有增加。1950年烤烟的亩产量是123斤，相比1949年的94斤增长了29斤。1950年烤烟总产量是113万担，比1949年的85.8万担增长了27.2万担，增幅是31.7%。由于重视不够，1950年还发生了烟叶滞销、烟价惨跌，这无疑打击了农民的种烟情绪，也直接影响了工农生产、财政税收和对外贸易。有鉴于此，1951年，制定了庞大的烤烟生产任务，要求比1950年增产2.5倍多，个别地区甚至直接要求增产五六倍以上。①在这个增产任务下，各地迅速扩大种植面积，保证了全国卷烟工业的原料供应。1951年，烤烟的播种面积达到358万亩，是1950年的3.89倍，而总产量高达484.3万担，是1950年总产量的4.29倍，超额完成了当年烤烟增产任务。不过由于烟田面积突然扩大数倍，技术推广及指导工作没有跟上任务的发展，新烟区的栽培管理和熏烤技术趋于粗放，烟叶品质下降，不合等级烟叶数量约占总产量的25%。这无疑使国家遭受巨大损失。有鉴于此，1952年，不再增加烤烟种植面积，而是全力提高单位面积产量，重点改进烟叶品质。重点采取如下措施：普及推广栽培技术、改善熏烤方法、增

① 姚祖舜：《关于完成烤烟生产任务的几项重要工作》（1951年4月10日），中国社会科学院、中央档案馆编：《1949—1952中华人民共和国经济档案资料选编（农业卷）》，社会科学文献出版社1991年版，第640页。

施肥料、防治病虫害等。[①]1952年烤烟播种面积279万亩，比1951年减少79万亩，而亩产量比1951年增加了23斤，烤烟的总产量达到443.2万担，[②]仅比1951年减少了41.1万担。

橡胶是重要的战略物资。新中国成立初期，美英等国严厉封锁对华橡胶出口。为了保证国防和工业建设需要，中央高度重视橡胶业的恢复和发展，力争早日实现橡胶自给。中央提高橡胶价格，提供恢复橡胶园的贷款，扶助和奖励公私合营与民营垦植橡胶，大力配置和发展印度橡胶、巴西橡胶。"发展橡胶工作之成败，密切关联我国国防建设，因之各植胶区省之各级领导，应将此项工作列为财经工作中的头等重要任务之一。"1951年，政务院发布关于发展橡胶树的决议，要求自1952年到1957年以最快速度在广东、广西、云南、福建、四川等5地共培植印度橡胶、巴西橡胶770万亩，其中广东、广西需要在1954年完成400万亩巴西橡胶树的培植工作。政务院分配了各省具体的培植指标：广东200万亩，广西300万亩，云南200万亩，四川50万亩，福建20万亩。政务院要求各地组织

① 《农业部特产处关于烤烟生产技术方面应注意的几个问题》（1952年6月25日），中国社会科学院、中央档案馆编：《1949—1952中华人民共和国经济档案资料选编（农业卷）》，社会科学文献出版社1991年版，第647页。

② 中国社会科学院、中央档案馆编：《1949—1952中华人民共和国经济档案资料选编（农业卷）》，社会科学文献出版社1991年版，第653页。

一切力量保证完成任务，还由各大行政区军政委员会及省人民政府主要负责干部亲自召开会议，根据决议进行具体布置。[①]值得一提的是，除四川外，如今国内的天然橡胶主要生产地依旧是上述省区。[②]在各级领导高度重视下，1952年，华南垦植橡胶取得重大进展，采种82.27万斤，育苗7339.79万株，年底开荒142.68万亩，定植81.19万亩，建立9个拖拉机站、29个垦植所、204个垦植场，拥有369台拖拉机、苏联卡车100辆，等等，[③]为此后橡胶增产打下了良好基础。

水果既有出口需求，又可作为副业生产。1951年中苏贸易议定书规定，中国应供苏联柑桔1万吨，苹果5000吨。[④]中国地域辽阔，有适合水果生长的优越环境，果品种类丰富、产量大。新中国成立后，各地大力组织推广果树生产互助组及合作社，普遍开展群众性病虫害防治运动，改进栽培技术，提高治理水平和水果产量，积极

① 《政务院关于发展橡胶树的决议》（1951年8月），中国社会科学院、中央档案馆编：《1949—1952中华人民共和国经济档案资料选编（农业卷）》，社会科学文献出版社1991年版，第658、660页。

② 如今海南与云南是中国天然橡胶的主产区，广东、广西、福建均有天然橡胶种植区。新中国成立初期海南隶属广东管辖。1988年4月13日海南省设立。

③ 华南垦植局：《五二年垦植情况及五三年垦植计划》（1952年12月13日），中国社会科学院、中央档案馆编：《1949—1952中华人民共和国经济档案资料选编（农业卷）》，社会科学文献出版社1991年版，第662—663页。

④ 中财委：《今年全国柑桔苹果生产情况及输苏数量意见》（1951年9月15日），中国社会科学院、中央档案馆编：《1949—1952中华人民共和国经济档案资料选编（农业卷）》，社会科学文献出版社1991年版，第666页。

打开水果销路。1952年果园面积达到1026.6万亩。1949年到1952年，水果产量年年增加，从1949年的2400万担、1950年的2649万担、1951年的3127万担增至1952年的4886万担。[①]

得益于国家的物质扶持、技术指导和群众的增产经验，油料作物和糖类作物的栽培面积逐年扩大，产量不断提高。油料作物主要是花生、油菜籽和芝麻，1949年、1950年、1951年、1952年总播种面积分别是6342万亩、6265万亩、7718万亩、8571万亩，而油料作物的亩产量分别是81斤、95斤、94斤、98斤，油料作物总产量分别是5127万担、5944万担、7240万担、8386.3万担。1949年至1952年糖类作物主要是甘蔗、甜菜，无论播种面积、亩产量还是总产量都稳步增长。1949年到1952年，甘蔗的播种面积从162万亩、169万亩、212万亩增至274万亩，而甜菜的播种面积从24万亩、31万亩、35万亩增至53万亩。1949年到1952年，甘蔗亩产量分别是3255斤、3717斤、4362斤、5200斤，甜菜亩产量分别是1594斤、1566斤、2047斤、1819斤。1949年至1952年甘蔗总产量分别是5284万担、6266.8万担、9257.8万担、14231.6万担，1952年甘蔗总产量是1949年的2.69倍。1949年至1952年甜菜总产量分

---

① 中国社会科学院、中央档案馆编：《1949—1952中华人民共和国经济档案资料选编（农业卷）》，社会科学文献出版社1991年版，第673页。

别是381.1万担、489.8万担、720万担、957.1万担，1952年甜菜总产量是1949年的2.51倍。[1]

种植业是人类生产和发展的基础。新中国成立初期，种植业增产迅速，质量稳步提升，总体成就辉煌，为政权稳固、生产方式变革和国家工业化创造了良好条件。

二、畜牧业增长

耕畜是新中国成立初期农业生产的主要动力。畜牧业的发展有利于提供农业生产所需的耕畜和肥料。"在畜牧方面，解放初期，我们的着眼点局限于动力和肥料，畜牧工作只单纯地围绕棉粮增产为目标。"[2]中国有广阔的草原、肥沃的土地、适宜的气候，这是发展畜牧业的有利条件。不过，由于抗日战争以来历年战争的消耗、封建制度的压榨、地主官僚等权势阶层的掠夺，畜牧业遭受严重破坏，造成畜疫流行，家畜体质衰退和死亡等。很多农民因缺乏畜力，不能深耕细作，生活十分困难。除了作为生产动力促进农业增产之外，增产牲畜能直接增加财富，供应

---

[1] 中国社会科学院、中央档案馆编：《1949—1952中华人民共和国经济档案资料选编（农业卷）》，社会科学文献出版社1991年版，第676页。

[2] 《西南区三年来畜牧兽医工作情况》（1952年），中国社会科学院、中央档案馆编：《1949—1952中华人民共和国经济档案资料选编（农业卷）》，社会科学文献出版社1991年版，第790页。

军需民用，供给工业原料，增加出口物资。中国牧业区面积大，绝大多数是在少数民族聚居区。"畜牧业生产是牧业区各民族人民赖以生存发展的主要经济，是我国新民主主义经济的一个重要的组成部分。发展畜牧业生产是发展牧业区经济、改善牧业区各民族人民生活、解决牧业区民族问题的基本内容，也是国家工业化与发展农业生产不可缺少的部分。"①

党和政府高度重视发展畜牧业，明确指示牧业区的中心任务就是发展畜牧业生产。1949年，《中国人民政治协商会议共同纲领》第34条规定："保护和发展畜牧业，防止兽疫。"②1950年，畜牧总方针是保护现有、奖励繁殖，在繁殖中注意选种，逐渐提高牲畜品质，重点在役畜，③以求迅速恢复农村耕作的畜力。1951年，畜牧总方针是大力发展畜牧业。在工作中应着重依靠群众，改善饲养，管理、防治疾病，解决草料，畅销牲畜及畜产品，并

---

① 《民族事务委员会第三次（扩大）会议关于内蒙古自治区及绥远、青海、新疆等地若干牧业区畜牧业生产的基本总结》（1953年9月3日），中国社会科学院、中央档案馆编：《1949—1952中华人民共和国经济档案资料选编（农业卷）》，社会科学文献出版社1991年版，第826页。

② 《中国人民政治协商会议共同纲领》（1949年9月29日），中共中央文献研究室编：《建国以来重要文献选编》第1册，中央文献出版社1992年版，第9页。

③ 中央农业部畜牧兽医司：《一九五〇年的畜牧兽医工作》（1951年2月25日），中国社会科学院、中央档案馆编：《1949—1952中华人民共和国经济档案资料选编（农业卷）》，社会科学文献出版社1991年版，第828页。

因地制宜发展各种牲畜，以增加数量和改善质量。① "发展畜牧业生产，是牧业区经常的中心工作任务。"一切工作都要围绕生产进行，并为发展生产服务。畜牧业生产发展了，畜牧业经济才能发展，牧业区人民生活才能改善，牧业区的其他工作才有物质基础，才对全国国民经济的发展有好处。"人民政府在牧业区的一切工作最终目的只有一个，就是发展牧业区的生产，改善牧业区人民的生活。"②

为了发展畜牧业生产，党和政府因地制宜地实行了一系列政策。影响牧业区最为深远的政策是保存牧主经济，"不斗不分、不划阶级"。一些地区曾照搬农业区划分阶级成分等系列办法，结果造成畜牧业生产的巨大损失。相比于农业区以土地改革的方式发展农业生产，党和政府根据牧业区的实际情况与畜牧业的经济特点，重点废除封建特权，实行牧工、牧主两利的工资政策，发展畜牧业生产。"在束缚牧业经济发展的封建特权被搞掉以后，今天的方针就是发展牧畜业，提高牧民经济物质生活，从

① 中财委农业计划处：《畜牧方针等问题》（1951年2月），中国社会科学院、中央档案馆编：《1949—1952中华人民共和国经济档案资料选编（农业卷）》，社会科学文献出版社1991年版，第762页。

② 《民族事务委员会第三次（扩大）会议关于内蒙古自治区及绥远、青海、新疆等地若干牧业区畜牧业生产的基本总结》（1953年9月3日），中国社会科学院、中央档案馆编：《1949—1952中华人民共和国经济档案资料选编（农业卷）》，社会科学文献出版社1991年版，第797页。

而解决牧民的'穷'和'病'的痛苦"。①牧业区保存牧主经济，有利于稳定社会秩序，繁荣经济，发展畜牧业。

党和政府实行"保护牲畜，奖励牲畜"政策，并提供税收减免和贷款扶持。1949年11月，华东财委农林水利部制定了保护与奖励耕畜繁殖暂行办法，规定凡从事繁殖与饲养耕畜之农户，均可享受如下奖励办法：（一）凡是从事农业耕作之牛、马、骡、驴，不分大小，每头每年减征公粮15斤，公草30斤，但每户减征不得超过2头。（二）凡从事繁殖牲畜之养牛合作社等，可向政府申请适当之贷款。（三）贫苦农民欲购买耕畜或饲养耕畜，在冬春季节缺乏饲料发生困难时，均可向政府申请贷款，唯须经农会之证明和政府的查考。（四）专门用以配种之种畜及专门繁殖小家畜之母畜，除减免公粮公草之优待外，有困难可申请政府之帮助，有特殊经验及显著成绩者，政府当予以物资的或名誉的奖励。②政府不仅给予优惠的税收减免政策，还提供了大量救济款和贷款。1951年，绥远牧区发放了130亿元保畜救济款。新中国成立3年来西南区各级政府发放约2000亿元的牲畜贷款，各国营畜牧场站领

①　乌兰夫：《1951年的任务》（1951年1月16日），中国社会科学院、中央档案馆编：《1949—1952中华人民共和国经济档案资料选编（农业卷）》，社会科学文献出版社1991年版，第794页。

②　《华东财委农林水利部关于保护与奖励耕畜繁殖暂行办法草案》（1949年11月），中国社会科学院、中央档案馆编：《1949—1952中华人民共和国经济档案资料选编（农业卷）》，社会科学文献出版社1991年版，第768—769页。

导群众建立了481个民营配种站，激发了民众增殖牲畜的积极性。1951年，川北添购了3.02万头耕牛，川西添购了3.14万头耕牛，川南10个县添购了3837头耕牛。1952年，川北乐至一县就添购了1801头耕牛。[①]

　　除此之外，党和政府还严禁滥宰耕牛、强借白使耕牛等，设置配种站，开展兽疫防治运动，积极防治和扑灭兽疫。经过各级政府3年来大力发动群众，团结改造中医兽医，采用先进的医学技术，开展防疫工作后，基本扑灭牛瘟，大大减少口蹄疫、炭疽和气肿疽等疫病。据不完全统计，3年内全国团结改造3.69万多名中医兽医，发动100万农民、牧民参加防疫工作，预防注射8701.03万头禽畜。通过这些措施，兽疫防治卓有成效。1950年全国发生炭疽病的牲畜有4.6万多头，而1951年已减少到5000多头。1949年东北区有10万多匹马发生马癫，到1952年已经基本消灭。[②]华东区的防疫工作成绩较为突出。1950年，华东提出"以耕畜为主，预防为主"，开展全区范围的防疫工作，纠正重治疗不重预防的偏向。1950年到1952年，华东区预防注射754.56万头耕畜、74.91万头猪、5.20万头羊、

---

　　① 《西南区三年来畜牧兽医工作情况》（1952年），中国社会科学院、中央档案馆编：《1949—1952中华人民共和国经济档案资料选编（农业卷）》，社会科学文献出版社1991年版，第790页。

　　② 《新中国畜牧事业概况》（1952年2月），中国社会科学院、中央档案馆编：《1949—1952中华人民共和国经济档案资料选编（农业卷）》，社会科学文献出版社1991年版，第833—834页。

2611.37万只鸡。为了配合防疫，华东区制造各种疫苗1.88万立方米，各种血清2.26万立方米。1952年还大力宣传清洁卫生，要求各地农村家家动员、人人动手，彻底清扫一次畜舍，改善饲养管理。耕畜预防注射的效果显著。1949年山东死于炭疽的耕畜约有2万头，而经过预防注射后1950年就减少到1000多头。苏南金山县1949年死于炭疽的耕牛约有3000头，而经过预防注射后1950年仅有27头死于炭疽。[①]中南区各种兽疫曾到处蔓延，为此中南区开展了广泛的兽疫防治运动，以牛瘟、炭疽为主要对象，厉行彻底的预防注射，遏制疫情的蔓延。中南区防疫效果明显，群众反映"打了针真保险，今年没有一个发瘟的"。经过宣传教育与奖励相结合，中南区组织了3744个民营配种站，重点开展耕畜配种繁殖工作，1951年全区大家畜增加了4.3%，小家畜增加了12.5%。[②]

党和政府还积极领导农民、牧民组织起来发展畜牧业生产。组织起来有助于消除狼害，抵抗暴风雪，开展爱国增产运动。内蒙古呼纳盟新巴尔虎左翼旗的牧民组织了抗

---

① 华东行政委员会农林水利局：《华东农业生产概况》（1954年11月），中国社会科学院、中央档案馆编：《1949—1952中华人民共和国经济档案资料选编（农业卷）》，社会科学文献出版社1991年版，第779—782页。

② 中南军政委员会农林部：《中南区三年来畜牧兽医工作的初步总结》（1950年1月至1952年7月），中国社会科学院、中央档案馆编：《1949—1952中华人民共和国经济档案资料选编（农业卷）》，社会科学文献出版社1991年版，第785—787页。

灾互助小组，在1951年过冬期大大减少了牲畜死亡，58万头牲畜只死了20头。锡林郭勒盟东联旗第五佐有10户牧民组织了拨群接羔互助组，在1951年大风雪侵袭中没有死亡1头牲畜。1951年，内蒙古呼纳盟被狼吃掉的牲畜有1.05万头，为此政府组织牧民掀起打狼运动，采取各种方法大力捕杀狼，此后狼危害牲畜的情况显著减少。宁夏、新疆等地有计划地领导牧民组织草原管理委员会，共同合理使用草原，使耕畜安全过冬，提高繁殖率。3年里，全国各大行政区和省都建立了畜牧兽医机构，建立了1209所防治兽疫的机构，拥有近1万各种畜牧兽医专业技术干部，制造了1.7亿多撮生物药品，引进苏联的多种优良种畜和先进方法，有力地保证了牲畜的安全，提升了牲畜的品质，农民和牧民也从中感受到组织起来发展畜牧业的好处，这为集体经营打下良好基础。[①]

通过上述措施，新中国成立初期畜牧业得以迅速恢复和发展。1949年至1952年末，全国大牲畜从6002万头、6538万头、7041万头增至7646万头。1952年底大牲畜比1949年增加了1644万头，增幅达到27.39%，这比历史上最高年份的大牲畜总头数还增长6.9%。大耕畜主要包括

---

① 《新中国畜牧事业概况》（1952年2月），中国社会科学院、中央档案馆编：《1949—1952中华人民共和国经济档案资料选编（农业卷）》，社会科学文献出版社1991年版，第834、835页。

黄牛、水牛、马、驴、骡和骆驼，其中黄牛增长的绝对数量最多。1949年至1952年末，黄牛从3375.2万头、3718.8万头、4061.9万头增至4496万头，1952年比1949年增加了1120.8万头，增幅是33.21%。黄牛作为当时农业生产的主要动力，得到着重关注和照顾，因此增幅大于全国大牲畜的增幅。1952年底，全国耕畜达到5142万头，这为农业生产提供了更为充足的动力和肥料。为了农业增产，国家大力提倡养猪，以此提供农业生产的肥料。1949年至1952年末，猪的存栏数迅速增长，从5775万头、6401万头、7440万头增至8977万头。1952年比1949年增加了3202万头，增幅是55.45%。1952年猪的存栏头数是历史最高年产水平的114.3%。[①]与猪齐名的羊不仅可以提供纺织工业所需的原料，还能提供肉类产品，改善民众饮食结构和外销换汇。1949年至1952年末，羊的存栏数增长同样迅速，从4235万只、4673万只、5287万只增长到6178万只。1952年比1949年增加1943万只，增幅是45.88%。[②]综上可知，新中国成立初期畜牧业得到全面恢复和发展，为农业增产提供了有效的动力和大量的肥料。

---

① 吴承明、董志凯主编：《中华人民共和国经济史（1949～1952）》，社会科学文献出版社2010年版，第391页。

② 中国社会科学院、中央档案馆编：《1949—1952中华人民共和国经济档案资料选编（农业卷）》，社会科学文献出版社1991年版，第836页。

三、林业发展

恢复和发展林业是新中国成立初期保障农业增产的重要措施。新中国成立初期，森林仅占国土的5%左右，无法有效抵挡风、沙、水、旱灾害。荒山秃岭不利于水土保持，雨季容易冲刷土壤，引发山洪，引起江湖淤塞，危害甚大。林业部表示，"造林是防旱防涝治本办法之一"①。一些地区风沙灾害严重，迫切需要植树造林，防风固沙。比如河北省西部曾因河流改道形成53万亩沙荒，当地农民表示："谁要是把沙子制住了，我们就给他修个庙！"新中国成立后，林垦部领导的冀西沙荒造林局与地方政府密切配合，把改造沙荒、造林防灾列为农业增产的措施。②北方需要大力建设防沙林，而东部沿海需要建设沿海防风林。华东沿海一带常受风暴侵袭，加之滨海堤防年久失修，倒塌崩溃，风、沙、海潮经年侵袭，屋倒人伤，或被掩埋，导致沿海耕地面积逐年减少，农作物产量不断下降，民众不能安心生活和积极生产。比如苏北沿海

---

① 林业部：《关于一九五二年春季造林工作的指示》（1952年2月16日），中国社会科学院、中央档案馆：《1949—1952中华人民共和国经济档案资料选编（农业卷）》，社会科学文献出版社1991年版，第725页。

② 《当代中国》丛书编辑部：《当代中国的林业》，中国社会科学出版社1985年版，第80页。

农田经常因台风侵袭减产20%，1951年8月，盐城专区因台风减产粮食1.7亿多斤。为保障农业丰收和农民生活，山东苏北大规模营造海岸防风林。①华东军政委员会也指示：为保障农业生产，适应建设需要，各级人民政府应贯彻重点造林计划，由有关机关分工负责，通过合作，大力开展植树造林运动。②

恢复和发展林业有利于保障农业增产，同时对工业建设和农民生活也有深远意义。新中国成立后，为发展交通，需要枕木电杆；为恢复建设，需用大批木材。由于森林太少，木材供应发生极大困难。1952年，全国公用木材预计约需1200万立方米，但木材生产只有740万立方米。新中国成立前，木材缺口主要依赖进口。新中国成立后，经济发展快，木材需求猛增，而为加速工业化又不能花费大量外汇购买木材，"自己生产不足，又不能完全依靠进口，这将是我国今后工业建设上的一个严重问题"。有鉴于此，1951年9月29日，中共中央指示："为保障工业建设，特别为长期打算，今后各级党委必须加强对林业工作的领导，把保护山林和建植苗圃造林植树工作列为山区、

① 华东农林部部长张克侠：《华东区的沿海防风林》（1953年），中国社会科学院、中央档案馆编：《1949—1952中华人民共和国经济档案资料选编（农业卷）》，社会科学文献出版社1991年版，第731页。

② 华东军政委员会：《关于分工造林的指示》（1952年4月8日），中国社会科学院、中央档案馆编：《1949—1952中华人民共和国经济档案资料选编（农业卷）》，社会科学文献出版社1991年版，第727页。

沙区及其附近地区党委和政府的重要任务之一。"①

　　破坏容易建设难。应该说，恢复和发展林业的重要性众所周知。"林业本身一部分属农，一部分属工；林业的目的又是一部分为农服务——保障农田水利，一部分为工服务——保障供给各种工业原料及建筑用料；而林业发展的力量，又是一部分依靠农民大众——造林，一部分依靠工人阶级——发展森林工业。"②恢复和发展林业大致可分为护林和造林两方面，护林就是严防破坏森林行为，而造林需要封山育林、植树造林。为了尽快恢复和发展林业，当务之急是消除破坏森林的天灾人祸，具体是防火护林，禁止盲目开荒、乱砍滥伐。天灾方面，山火、虫害、风灾、雹灾都能危害森林，其中山火危害最大。1950年至1952年，山火损害的林地面积占各种灾害总面积的97.69%，而1950年更是占到99.08%。1950年，森林火灾达到2700多次，林木被烧毁约260万立方米。③这些森林火灾中，有相当一部分是因人烧荒引起的。为此，党

　　① 《中共中央转发华东局关于加强林业工作的指示》（1951年9月29日），中国社会科学院、中央档案馆编：《1949—1952中华人民共和国经济档案资料选编（农业卷）》，社会科学文献出版社1991年版，第680页。

　　② 梁希：《三年来的中国林业》（1952年），中国社会科学院、中央档案馆编：《1949—1952中华人民共和国经济档案资料选编（农业卷）》，社会科学文献出版社1991年版，第740页。

　　③ 政务院：《关于春季严禁烧荒、烧垦，防止森林火灾的指示》（1951年3月17日），中国社会科学院、中央档案馆编：《1949—1952中华人民共和国经济档案资料选编（农业卷）》，社会科学文献出版社1991年版，第704页。

和政府制定了一系列林业法规，防止林火和防治森林病虫害，"严禁在林区或林区附近放火或进行一切可能引起林火危险之行为"，"森林遭受病虫害时，应由当地农林机关及护林组织，迅速发动群众，采取有效防治"[①]。

防止人为破坏森林任重道远。人祸方面，乱砍滥伐、放火烧荒引发林火危害极大。各地为了扩大耕地面积，开垦生荒，不惜滥伐森林，放火烧山，产生一些"平地可以烧荒""有领导的烧荒"等错误思想。烧荒是造成火灾的主要原因之一。"火的来源主要是人，我们的防也主要是依靠人。"[②]一些干部对护林防火工作态度十分消极，甚至把护林防火工作与农业生产对立起来，认为护林防火工作是"妨害农业生产"，或者为"照顾"群众生产而鼓励群众随便烧山燎荒，这都容易引起严重的山林火灾。[③]有鉴于此，党和政府为保护森林，限制开垦放牧，明确要求："宜林荒山严禁滥垦，个别地区因耕地过少，必须开垦山地者，须经县人民政府批准，在缓斜山坡作合理开

① 林垦部：《保护森林暂行条例（草案）》（1951年2月），中国社会科学院、中央档案馆编：《1949—1952中华人民共和国经济档案资料选编（农业卷）》，社会科学文献出版社1991年版，第691—692页。

② 梁希：《三年来的中国林业》（1952年），中国社会科学院、中央档案馆编：《1949—1952中华人民共和国经济档案资料选编（农业卷）》，社会科学文献出版社1991年版，第734页。

③ 政务院：《关于严防森林火灾的指示》（1952年3月4日），中国社会科学院、中央档案馆编：《1949—1952中华人民共和国经济档案资料选编（农业卷）》，社会科学文献出版社1991年版，第706页。

垦，坡度在十五度以上须筑成梯田，三十度以上者禁止开垦，已经开垦之宜林山地，应逐步停耕还林。"[①]1951年5月31日，林垦部在全国林业会议上指出，护林的首要任务是防止林野火灾，"凡在足以引起山林火灾的地区，必须严格禁止一切放火烧荒的行为"[②]。1952年3月4日，政务院指示，严防森林火灾，采取分区分段负责制，"在谁的地区起火，就由谁负责，并根据损失情况的轻重，给以应得的处分"[③]。这就落实了严防森林火灾的具体负责人，有利于加强干部的责任心，防止森林火灾持续频繁发生。

制止乱砍滥伐久久为功。乱砍滥伐是破坏森林最大的人祸因素。关内各大区乱砍滥伐森林现象大致可分为1950年和1951年两个阶段。1950年，土地改革轰轰烈烈地展开，一方面原来占有森林的人怕森林被分而滥伐；另一方面是要分地主生产资料的贫雇农视森林为"解放林"而滥伐。除了放火烧荒之外，春荒严峻之际，很多人误读"靠山吃

---

① 林垦部：《保护森林暂行条例（草案）》（1951年2月），中国社会科学院、中央档案馆编：《1949—1952中华人民共和国经济档案资料选编（农业卷）》，社会科学文献出版社1991年版，第691页。

② 林垦部：《一九五一年全国林业会议总结》（1951年5月31日），中国社会科学院、中央档案馆编：《1949—1952中华人民共和国经济档案资料选编（农业卷）》，社会科学文献出版社1991年版，第704页。

③ 1952年3月4日政务院发布《关于严防森林火灾的指示》：在一省之内发生严重火灾，应由省主席负责。在县、区、村内发生火灾，应由县、区、村长负责。在两区交界地带应实行联防办法。详情参见政务院：《关于严防森林火灾的指示》（1952年3月4日），中国社会科学院、中央档案馆编：《1949—1952中华人民共和国经济档案资料选编（农业卷）》，社会科学文献出版社1991年版，第706页。

山，靠水吃水"的生产救灾政策，依靠砍伐森林渡荒，其中机关部队滥伐森林的规模最大。机关部队误解"生产救灾"，几百几千人有组织地入山砍木，或通过私商"包青山"。有些地方的机关部队甚至将陡坡和河岸的树木以及山上未成熟的小树都伐光。有鉴于此，1950年10月，政务院和军委会通令"各级部队不得自行采伐"。11月，全国木材会议决议"任何机关不得借口任何名义不得自行伐木"。此后，机关部队滥伐森林的浪潮得以平息。1951年经济发展快，刺激了木材需求。公司企业及机关通过私商或中国煤业建筑器材公司大量收购木材，而地方政府依靠木材解决部分财政问题，放任和刺激了滥伐森林行为，市面上出现抢购、囤积等现象①。一些地方超计划多砍、多伐，大都采用直接强制农民的手段，出现不给价和少给价现象，引发农民对护林防火救火的消极态度。1951年，中南地区发生200多次火灾，损失的木材几乎快赶上砍伐总数。对林木的连伐带烧大大超过了林木年度生长率。1951年7月2日，中南局上报中央称："这样一种损失，没有几十年的努力经营是得不到弥补的……各地地方机关超计划的采伐要坚决加以制止，绝不可靠伐木来解决地方财政问

---

① 梁希：《三年来的中国林业》（1952年），中国社会科学院、中央档案馆编：《1949—1952中华人民共和国经济档案资料选编（农业卷）》，社会科学文献出版社1991年版，第735页。

题。这是有百害而无一利的行为，是讨小便宜吃大亏的行为，是与民争利、侵犯农民利益的行为。"①1951年8月，政务院颁布"关于节约木材的指示"，检查违法违规经营木材单位，基本停止滥伐抢购木材行为，逐步走向国家统一管理采伐和统一调拨木材的道路。②

恢复和发展林业不仅要严防破坏森林的行为，还需要封山育林和植树造林。党和政府高度重视林业建设。1949年9月29日中国人民政治协商会议第一届全体会议通过的《中国人民政治协商会议共同纲领》第34条明确规定，"保护森林，并有计划地发展林业"③。1950年5月16日，政务院发布关于全国林业工作的指示："我们当前林业工作的方针，应以普遍护林为主，严格禁止一切破坏森林的行为；其次在风沙水旱灾害严重的地区，只要有群众基础，并备种苗条件，应选择重点，发动群众，斟酌土壤气候各种情形，有计划地进行造林，并大量采种育苗以备来

① 《中南局关于山林经营和分配问题的指示（节录）》（1951年7月2日），中国社会科学院、中央档案馆编：《1949—1952中华人民共和国经济档案资料选编（农业卷）》，社会科学文献出版社1991年版，第682、684页。

② 梁希：《三年来的中国林业》（1952年），中国社会科学院、中央档案馆编：《1949—1952中华人民共和国经济档案资料选编（农业卷）》，社会科学文献出版社1991年版，第735页。

③ 《中国人民政治协商会议共同纲领》（1949年9月29日），中共中央文献研究室编：《建国以来重要文献选编》第1册，中央文献出版社1992年版，第9页。

年造林之用。"①各地不断发动群众普遍进行封山育林，掀起全国性的植树造林运动。林垦部鲜明指出："封山育林，是护林护山最具体最有效的办法，也是为荒山造林创造有利的条件。"②1949年12月，林垦部召集参加全国农业会议的各大行政区和各省的林业代表就封山育林问题进行座谈。随即向全国各地布置了112万亩的封山育林任务。③西北地区从1950年试行封山育林，1951年在西北5省正式展开封山育林，从1950年到1952年共封山育林790余万亩。④

新中国成立初期，全国林业生产取得重大成绩。在护林方面，1952年全国护林组织增加到9.55万个，护林员114.48万人。全国火灾损失面积逐年减少。若以1950年的火灾损失面积为100，那么1951年减少到了70.04%，1952年春季锐减到5.09%。与此同时，各地区的造林工作也取得重大成就，都完成或超额完成计划。全国造林面积逐

① 《政务院关于全国林业工作的指示（节录）》（1950年5月16日），中国社会科学院、中央档案馆编：《1949—1952中华人民共和国经济档案资料选编（农业卷）》，社会科学文献出版社1991年版，第677页。

② 林垦部：《一九五一年全国林业会议总结》（1951年5月31日），中国社会科学院、中央档案馆编：《1949—1952中华人民共和国经济档案资料选编（农业卷）》，社会科学文献出版社1991年版，第705页。

③ 《当代中国》丛书编辑部：《当代中国的林业》，中国社会科学出版社1985年版，第83页。

④ 西北行政委员会农林局：《西北区三年来的封山育林工作（节录）》，中国社会科学院、中央档案馆编：《1949—1952中华人民共和国经济档案资料选编（农业卷）》，社会科学文献出版社1991年版，第708页。

年增加。1950年造林面积是11.9万多公顷，1951年是40.4万多公顷，1952年是83.2万多公顷。封山育林面积也是逐年增加，1950年封山育林面积是24.7万多公顷，1951年是90.3万多公顷，1952年是246万多公顷。综合统计，从1950年到1952年，全国造林135万多公顷，封山育林361万多公顷。[①] 在整个造林工作中，各地不断强调合作造林，认为"把分散的个别农民根据自愿两利的原则组织起来"，是进行大规模造林的好方法。河北西部通过85个公私合作造林组织和160个私人合作造林组织消灭了沙荒。

与护林和造林相比，森林工业取得了更为显著的成就。新中国成立初期，森林工业发展也向苏联学习。在苏联专家帮助下，东北制定了一整套生产改革措施：从分散管理进步到统一管理、从旧式经营进步到成本核算、从把头制进步到工人自己掌握的工会、从掠夺式采伐进步到合理采伐、从手工业式走向机械化、从个体劳动走向有组织的劳动。[②] 有必要指出，中苏两国地区差异较大。苏联森林多，树种天然更新较易，往往采取皆伐方法，伐后主要依靠天然更新。中国有些林区盲目学习苏联经验，一度全

① 梁希：《三年来的中国林业》（1952年），中国社会科学院、中央档案馆编：《1949—1952中华人民共和国经济档案资料选编（农业卷）》，社会科学文献出版社1991年版，第734、736页。

② 梁希：《三年来的中国林业》（1952年），中国社会科学院、中央档案馆编：《1949—1952中华人民共和国经济档案资料选编（农业卷）》，社会科学文献出版社1991年版，第737—739页。

面推行皆伐，结果人工更新跟不上且有的树种天然更新较困难，导致许多采伐迹地变成残次林地或灌丛、疏林地。此后，各地反思该做法，有意识地将国外经验和中国实际情况相结合，走具有中国特色的发展林业的道路。[①]截止到2020年12月17日，国务院新闻办公室公布的数据显示，全国森林覆盖率达到23.04%，森林蓄积量超过175亿立方米，草原综合植被覆盖度达到56%。[②]大规模的森林绿化不仅有助于防旱防涝、防风固沙、美化环境，保障农业增产，也对全球环境绿化和气候改善做出了巨大贡献。

四、渔业增产

渔业是国民经济的重要组成部分。在南方水田地区，渔业是农村副业的重要部分；而在沿江、沿湖、沿海地区，渔业生产是渔民的主要生活依靠。由于日本侵略者和国民党军队大量劫掠和破坏渔轮，抢劫渔业物资，封锁海岸，捕杀渔民，极大地破坏了渔业生产。渔民还深受渔霸、鱼行等封建势力的压迫与剥削，"终年

---

① 《当代中国》丛书编辑部：《当代中国的林业》，中国社会科学出版社1985年版，第94页。

② 《我国森林覆盖率达23.04%　如期完成"十三五"规划目标》，数据来源国家林业和草原局、国家公园管理局网站，网址是http://www.forestry.gov.cn/main/447/20201218/104605913839966.html，查阅时间2022年12月18日。

不得一饱"[①]。新中国成立后，党和政府重视渔业生产，采取多种措施恢复和发展渔业。《中国人民政治协商会议共同纲领》第34条规定："保护沿海渔场，发展水产业。"[②]1950年，全国渔业生产的方针是以恢复为主，规定全国渔业生产的最低任务是63.6万吨，并下达各区具体指标，其中东北13.2万吨，华北6万吨，华东24.4万吨，中南20万吨。为了保证完成1950年的生产任务，中央食品工业部[③]和各地区水车行政机构积极提供渔业贷款。截至1950年6月底，中央人民政府发放4000万斤小米和120亿元的渔业贷款。[④]与此同时，为改进鱼品运销，各大城市设立了由国家经营的鱼市场。除此之外，政府制定价格激励政策，"鱼价须以鼓励生产为原则"，还减低渔盐价格，增加冷藏设备，减低渔货运输等级。[⑤]这些措施都是为了保证渔民利益，促进渔业生产。最终，1950年渔业获得丰

---

① 《第二次全国水产会议总结》（1951年1月），中国社会科学院、中央档案馆编：《1949—1952中华人民共和国经济档案资料选编（农业卷）》，社会科学文献出版社1991年版，第856页。

② 《中国人民政治协商会议共同纲领》（1949年9月29日），中共中央文献研究室编：《建国以来重要文献选编》第1册，中央文献出版社1992年版，第9页。

③ 1949年10月食品工业部成立，1950年12月食品工业部撤销。

④ 秦含章、李彭令：《渔业增产问题与加工方向》（1950年11月10日），中国社会科学院、中央档案馆编：《1949—1952中华人民共和国经济档案资料选编（农业卷）》，社会科学文献出版社1991年版，第853页。

⑤ 《第一届全国渔业会议文件》（1950年2月），中国社会科学院、中央档案馆编：《1949—1952中华人民共和国经济档案资料选编（农业卷）》，社会科学文献出版社1991年版，第838页。

收，收获了91万余吨，超额完成了生产任务。1951年，全国渔业生产依旧是以恢复为主，发动爱国主义丰产运动，修复与新添了近2.6万艘渔船，最终完成了生产任务的113.8%。1952年，全国的中心任务是开展增产节约运动，全国水产工作方针随之也定为：大力发展浅水养殖，稳步提高海洋生产，加强渔民组织，改进技术，提高单位产量，争取恢复并超过战前生产水平的13.33%。[①]1952年12月，中共中央指示，"一切工作应以发展渔业生产为中心"。[②]1952年渔业生产获得丰收，全国水产品总产量达到166.6万吨，比1949年增加121.8万吨，增幅271.88%，是历史最高水平1936年150万吨的111.1%。1952年，水产品有106万吨海产品和60.6万吨淡水产品，其中养殖产品仅有19.6万吨，捕捞水产品有147万吨，[③]占全部水产品166.6万吨的88.24%。当时的水产品主要来自天然捕捞。

除了上述各项措施之外，党和政府为恢复和发展渔业，始终强调组织起来，改造农民思想，建立和夯实国营

---

① 《农业部关于一九五二年水产工作的指示》（1952年3月5日），中国社会科学院、中央档案馆编：《1949—1952中华人民共和国经济档案资料选编（农业卷）》，社会科学文献出版社1991年版，第840—841页。

② 中央水产部：《水产工作概况》（1959年），中国社会科学院、中央档案馆编：《1949—1952中华人民共和国经济档案资料选编（农业卷）》，社会科学文献出版社1991年版，第868页。

③ 中国社会科学院、中央档案馆编：《1949—1952中华人民共和国经济档案资料选编（农业卷）》，社会科学文献出版社1991年版，第869页。

水产企业的领导地位。1950年2月，第一届全国渔业会议明确指示，必须积极建设国营水产企业，大力扶持个体渔民生产。对于生产量约占总生产量90%的个体渔民，中央指示要组织起来，使之成为合作经济，并给予合作社银行贷款的优先权，[①]巩固组织起来的成果。中央指示，组织渔民，不仅要将个体渔民纳入合作社，而且要组织领导渔民的各个生产环节。1951年4月13日，农业部指示，渔业生产的工作重点，"必须是大力组织渔民生产，提高渔民生产积极性，不仅将协助渔民组织合作社互助组渔协会作为经常工作，更应掌握渔业季节，帮助渔民组织生产，多下海（湖），多捕鱼，并结合抗美援朝，开展爱国生产运动，启发其爱祖国，多生产"[②]。国家要求发放的贷款用于渔捞、养殖、加工、运销业务，还通过国营水产部门与合作社订立委托加工收购合同，加强加工与运销管理，形成生产、运销、物资供应等全链条管控，大大推动了组织起来和计划生产的发展。1952年3月5日，农业部指示："各大区、省人民政府必须在春汛开始前，动员与组织渔民，做好准备工作，并加强渔港渔村的生产领导，组

---

① 《第一届全国渔业会议文件》（1950月2日），中国社会科学院、中央档案馆编：《1949—1952中华人民共和国经济档案资料选编（农业卷）》，社会科学文献出版社1991年版，第838页。

② 《农业部关于渔业生产的指示》（1951年4月13日），中国社会科学院、中央档案馆编：《1949—1952中华人民共和国经济档案资料选编（农业卷）》，社会科学文献出版社1991年版，第839页。

织渔民互助合作，开展生产竞赛，在原有基础上，培养新的渔业劳模及典型生产互助组，树立生产旗帜，推广经验，改进技术，充分利用已有工具，普遍提高单位产量。"①党和政府号召渔民组织起来，不仅要将渔民纳入合作社等组织体系，而且要改造渔民思想，启发其爱国意识，并将之纳入国家计划生产的轨道之中。伴随抗美援朝运动和爱国增产运动的展开，渔民的爱国意识确实得到进一步提升。有渔民提出"早下海、早打鱼""常年打鱼、打伏，打秋、打冬""把海洋当战场，工具当武器，多打一船鱼等于多打几个美蒋海匪"等口号。②曾经不关心政治的个体渔民逐渐走远，快速走来的是组织起来的国家新渔民。

---

① 《农业部关于一九五二年水产工作的指示》（1952年3月5日），中国社会科学院、中央档案馆编：《1949—1952中华人民共和国经济档案资料选编（农业卷）》，社会科学文献出版社1991年版，第841页。

② 方原：《水产事业的重要及华东两年来水产工作》（1951年12月25日），中国社会科学院、中央档案馆编：《1949—1952中华人民共和国经济档案资料选编（农业卷）》，社会科学文献出版社1991年版，第862页。

第四章 "爱国增产"：农业增产的影响

一、恢复经济，改善生活

农业是国民经济的基础。新中国成立初期的农业增产，有力地推动了国民经济的恢复和发展、稳定了财政收入和社会秩序、支持了出口创汇和工业建设。在国民经济恢复和发展方面，1950年、1951年、1952年农业总产值的增长速度分别是17.8%、9.4%、15.2%。1949年、1950年、1951年、1952年农业净产值占国民收入的比重分别是68.4%、67.4%、63.6%、57.7%。农业占国民经济比重大，农业总产值的快速增长显然有利于带动整个国民经济的发展，也有利于国家财政收入的增长。在财政收入方面，1950年、1951年、1952年农业提供的利润税占国家财政收入的比重分别是39.2%、25.3%、20.2%。农业增产增加了国家财政收入，农民缴纳的农业税连年增长。虽然农业税占国家财政收入的比重逐年下降，但农业税总额

不断增长，对加快经济建设起了重大作用。除此之外，由
于农业增产，国家也大大增加了粮食等农副产品的征购数
量。1949年国家向农民征购了1540万吨粮食，1952年剧
增到3033万吨，比1949年增加1493万吨，增长了96.9%，
平均每年递增25.3%。[①]在稳定社会秩序方面，农业增产
还支持社会秩序的整顿，给国家提供越来越多的农副产
品，使国家掌握控制恶性通货膨胀的手段，有利于物价
稳定。在出口创汇方面，1950年、1951年、1952年农副
产品及其加工品出口额占出口总额的比重分别是90.7%、
86%、82.1%。由此可知，农副产品及其加工品是当时出
口的主要产品。而农业增产有效地保障了国家农副产品
出口和农副产品加工品出口。事实上，当时国家出口农
副产品，主要是换回工业设备，加快国家工业建设。在
工业建设方面，1952年以农产品为原料的产值占轻工业
产值的87.5%。轻工业的发展很大程度上依赖农产品的增
产，而农业增产显然有助于保障轻工业的发展。1949年、
1950年、1951年、1952年农村零售额占社会商品零售总
额的比重分别是60.2%、58.6%、55%、54.6%。可见，农
村生活资料和生产资料的需求在全国商品市场具有重要地
位。农业增产本身有利于增加农民货币收入，扩大工业品

---

① 吴承明、董志凯主编：《中华人民共和国经济史（1949～1952）》，社
会科学文献出版社2010年版，第397页。

市场。①

农业增产有利于增加农民收入，提升农民购买力。1949年至1952年农民净货币收入从68.5万亿元、87.4万亿元、111.4万亿元增至127.9万亿元，1952年农民净货币收入比1949年增加59.4万亿元，增幅86.72%。农民净货币收入增长快，农民每人平均净货币收入增长也很快。1949年至1952年农民每人平均净货币收入从14.9万元、18.7万元、22.6万元增至26.8万元，1952年农民每人平均净货币收入比1949年增加11.9万元，增幅79.87%。农民的净货币收入增长快，自然提升了购买力。1949年至1952年农民消费品购买力分别是65.3万亿元、80.7万亿元、102万亿元、117.5万亿元，1952年农民消费品购买力比1949年增加了52.2万亿元，增幅79.94%。农民每人平均消费品购买力也不断增长。1949年至1952年农民每人平均消费品购买力分别是14.2万元、17.3万元、21.6万元、24.6万元，②1952年农民每人平均消费品购买力比1949年增加了10.4万元，增幅是73.24%。农民购买力提升，改善了生活，这在日用必需品的销售中可见一斑。1951年纱布销售量比1950年增加

① 中国社会科学院、中央档案馆编：《1949—1952中华人民共和国经济档案资料选编（农业卷）》，社会科学文献出版社1991年版，第982、983页；《当代中国》丛书编辑部：《当代中国的农业》，当代中国出版社1992年版，第82页。

② 中国社会科学院、中央档案馆编：《1949—1952中华人民共和国经济档案资料选编（农业卷）》，社会科学文献出版社1991年版，第991页。

了10%，纸烟增加14%，火柴增加20%，糖增加44%，煤油增加47%，茶叶增加70%。①

农业增产有利于提高农民生活水平，改善农民饮食结构。1949年至1952年，全国人均粮食分别是418斤、479斤、510斤、570斤，棉花分别是1.6斤、2.5斤、3.7斤、4.5斤，花生、油菜籽、芝麻3种油料分别是8.6斤、9.8斤、11.8斤、13斤，生猪分别是0.11头、0.12头、0.13头、0.16头，水产品分别是1.7斤、3.3斤、4.7斤、5.8斤。按人口平均，粮食、棉花、油料、水产品均有较快增长，其中1952年粮食、棉花、油料、生猪、水产品同比1949年增加了152斤、2.9斤、4.4斤、0.05头、4.1斤，增幅分别是36.36%、181.25%、51.16%、45.45%、241.18%。1952年，猪、牛、羊肉平均每人有11.8斤。②应该说，农民没有独享这些农业增产成果，相当部分供给了城市和满足出口创汇等需求。不过，农民也确实有效改善了饮食结构，提高了粮食消费量。1950年、1951年、1952年农村粮食消费量分别是2525.7亿斤、2546.9亿斤、2850.3亿斤，1952年农村粮食消费量比1950年增加了324.6亿斤，增幅是12.85%。农村生活用粮量占农村粮食消费量的绝大部分。

---

① 《三年来土地改革运动的伟大胜利》（1952年9月28日），廖鲁言：《廖鲁言文集》，人民出版社2013年版，第39页。

② 中国社会科学院、中央档案馆编：《1949—1952中华人民共和国经济档案资料选编（农业卷）》，社会科学文献出版社1991年版，第985页。

1950年、1951年、1952年农村生活用粮量是2258亿斤、2235.3亿斤、2474.3亿斤，1952年农村生活用粮量比1950年增加了216.3亿斤，增幅是9.58%，同比1936年1935.1亿斤的生活用粮量增加了539.2亿斤，增幅是27.86%。同时，农村平均每人生活消费量也得以增长，1950年至1952年分别是464.6斤、454斤、496斤，1952年平均每人生活消费量同比1950年增加了31.4斤，增幅是6.76%，同比1936年平均每人生活消费量453斤增加了43斤，增幅是9.49%。[①]

随着农业增产、生活改善，农民逐步树立了爱国意识。新中国成立后，农民由过去的"半年糠菜半年粮"，逐渐增加了玉米、高粱等粗粮，还有少部分小麦等细粮，扭转了此前生活水平不断下降的状况。1951年12月5日，中共中央认为，经过农业增产，中国已经从依靠外国粮食进口转变到自给自足并能酌量出口一部分，"农民开始摆脱了历来的饥饿状态，开始能吃饱肚子"[②]。一些地方农民生活改善更为明显，"许多山区的农民原来吃杂粮的，现在要吃大米……特种作物区的农民，不仅要吃大米，而

[①] 中国社会科学院、中央档案馆编：《1949—1952中华人民共和国经济档案资料选编（农业卷）》，社会科学文献出版社1991年版，第991页。

[②] 中共中央：《关于1952年粮食供应的几项决定》（1951年12月5日），中国社会科学院、中央档案馆编：《1949—1952中华人民共和国经济档案资料选编（农业卷）》，社会科学文献出版社1991年版，第564页。

且要吃好米了"。①福建省晋江县山崖村过去多半都是吃甘薯过日子，1952年家家经常吃米饭了。②农民和牧民在不断增产中改善生活，逐步自觉接受爱国主义教育。新疆乌恰县柯尔克孜族的牧民从1949年的8万多只牲畜增加到1952年的15.59万多只大小牲畜，每个帐篷的牧民都添置了新衣，吃上面粉。他们流行着这样的歌曲："毛主席啊，您的眼睛看到了帕米尔高原，我们的生活一年好一年，你带给我们的是'人畜两旺'，我们报答你的是'爱国增产'！"③

二、组织起来，改造干群

农业增产不仅影响了农民、农村和农业，而且有利于恢复和发展国民经济，开展国家工业建设，巩固社会秩序和人民政权。为了实现农业增产，国家采取的诸多措施影响既深且巨。国家变革了生产关系，推广先进技术和科学知识，发动爱国增产运动，改造干群思想，推动农业、农村、农民逐步走向社会主义。

① 《两年来浙江农民购买力显著提高》，《解放日报》1951年10月17日。
② 李书城：《三年来新中国农业生产上的伟大成就》，《中华人民共和国三年来的伟大成就》，人民出版社1952年版，第76页。
③ 《西北两年半的畜牧兽医工作总结》（1952年），中国社会科学院、中央档案馆编：《1949—1952中华人民共和国经济档案资料选编（农业卷）》，社会科学文献出版社1991年版，第825页。

在整个农业增产过程中，党和政府不断批评"听天由命""靠天吃饭"思想，强调组织起来"人定胜天"，发挥人的主观能动性。为了完成农业增产任务，党和政府频频下发指示，调动各部门力量支持。各级领导高度重视，干部贯彻领导，农民苦干生产。农业增产受政策和水利影响越来越大，从"靠天吃饭"走向"靠政策吃饭""靠水利吃饭"。"许多同志说是靠政策吃饭，靠水利吃饭，确实是如此。所谓靠政策吃饭，实际是靠群众吃饭，新区群众在胜利的形势下面，只要政策真能贯彻，发动并不困难，只要真正发动了群众，就能够以人力战胜自然，有把握取得丰收，这样就不但在经济上是一个重大胜利，在政治上也是一个重大胜利，即在生产战线上更进一步地密切了政府与人民的联系，大大提高了人民政府的威信，严重打击了敌人幸灾乐祸的幻想，开始打破了群众靠天吃饭的迷信心理，提高了干部依靠群众，克服困难，完成任务的信心，为今后工作造成极有利的条件"。①

在农业增产中，党和政府不断发动积肥、选种、春耕等各个农事环节的运动，普及科学技术，改造群众"命由天定""靠天吃饭"的思想，密切了党群关系和政群关

① 《中南区农业生产一九五○年的基本总结及一九五一年的任务》（1951年），中国社会科学院、中央档案馆编：《1949—1952中华人民共和国经济档案资料选编（农业卷）》，社会科学文献出版社1991年版，第919页。

系，并不断培育农民国家意识。一些具体的农事耕作都被赋予了政治含义。1951年，华北在抗旱种植中，提出口号："多种一亩棉就是多增加一分抗美援朝的力量""保家卫国多种棉花""多打粮食、巩固国防"。在水利春修工作中口号是"打得高、砸的深，等于消灭美国军"；在除虫工作中口号是"消灭虫害，多打粮食，多收棉花、抗美援朝有力量"。在这些增产运动中，各级党和政府不断进行思想政治教育，批评"要发家种棉花"的口号，斥之为只管生产不问政治，[①]培养农民将个人利益融入国家利益，即从"为家增产"变为"爱国增产""为国增产"。传统中国个体农民往往是以家为先，甚至只知有家不知有国。新中国成立初期，党和政府通过增产运动，培育了农民的国家意识，将个体农民培育成了国家农民，这可谓前所未有的思想变革。

相比于个体农民走向国家农民，基层干部的变化同样巨大。新中国成立初期，中国共产党以基层干部为骨干，不断发起各种增产运动，逐步深入乡村社会底层，颠覆旧有乡村权力体系，给乡村社会日常生活带来关键性影响，从根本上改变了当代中国的国家与社会关系状态。基层干

---

① 华北局财经工委史林琪：《华北区1951年1至8月农业生产的主要情况及对今后工作意见》（1951年10月25日），中国社会科学院、中央档案馆编：《1949—1952中华人民共和国经济档案资料选编（农业卷）》，社会科学文献出版社1991年版，第889页。

部既是中国共产党农业增产路线、方针、政策的执行者，也发挥了宣传、组织、动员群众的作用，成为动员社会、联系群众的桥梁和纽带。党和政府不断发动各级干部完成农业增产任务，锻造了中国历史上具有空前的活力、效率和严密度的政权组织和干部体系，基层干部亦有着史无前例的为人民服务的献身精神。中国共产党领导这支干部队伍不仅有效应对了国内外复杂形势，有力地巩固了政权和促进国民经济恢复和发展，把个体农民快速组织起来，而且领导全国人民有步骤、有计划、有秩序、有组织地实现了由新民主主义到社会主义的转变。

新中国成立初期农业增产主要得益于政策激励、技术推广、政府投入和组织起来，因此农业增产需求也推动生产关系变革，不断迈向农业集体化。为了尽快实现农业增产任务，党和政府以互助合作为基础，以改进技术为内容，开展了轰轰烈烈的爱国增产运动。技术是统一且无差别的，技术推广本身蕴含组织起来的内在要求。组织起来互助合作也有利于技术推广。技术推广与组织起来两者本身互嵌，共同推动了农业增产；而农业增产也夯实了组织起来和技术推广的合法性、合理性和必要性。"爱国丰产运动的过程也就是各种生产方式比赛的过程，比赛的结果，更加说明只有组织起来才能更好地提高产量。"①"只有组织起来才能多打粮食……为着使组织起来多打粮食，就必须给以技术上的帮助，如今年贷给互助组的新农具，换给以改良品种，发给防病农药，因此使互助组有了新的气象……组织起来给予改进农业技术以条件和可能。"②

新中国成立后，中国共产党领导土地改革，打碎旧有封建结构，"使农民取得土地，党取得农民"。相比传统中国社会陷入"改朝换代"的历史怪圈，中国共产党领导全国人民在完成土地改革后迅速开展互助合作运动，加之一系列破除封建特权的民主改革运动，实行了"改天换地"、重组基层的新变革，改造了干部和农民的心理结构，使上层和下层、中央和地方整合在一起，一改过去"一盘散沙"的旧局面，形成了政令畅通的新局面。③中央政府获得了前所未有的组织动员能力，可以集中力量办大事，有组织、有领导、有计划、有步骤地向社会主义过渡。

---

① 农业部：《1952年爱国丰产运动总结》（1953年2月28日），中国社会科学院、中央档案馆编：《1949—1952中华人民共和国经济档案资料选编（农业卷）》，社会科学文献出版社1991年版，第199、202页。

② 东北人民政府农林部：《东北区1950年农业生产总结》（1950年），中国社会科学院、中央档案馆编：《1949—1952中华人民共和国经济档案资料选编（农业卷）》，社会科学文献出版社1991年版，第875页。

③ 杜润生：《杜润生自述：中国农村体制变革重大决策纪实（修订版）》，人民出版社2005年版，第20页。